图书在版编目（CIP）数据

国家经济安全制度建设研究 / 周晓华著.—北京：知识产权出版社，2023.2
ISBN 978-7-5130-7879-5

Ⅰ.①国… Ⅱ.①周… Ⅲ.①经济安全—国家安全—制度建设—研究—中国 Ⅳ.①F125.7

中国版本图书馆 CIP 数据核字（2021）第 238197 号

责任编辑：高志方　　　　　　　　　责任校对：王　岩
封面设计：陈　曦　陈　珊　　　　　责任印制：孙婷婷

国家经济安全制度建设研究

周晓华　著

出版发行	知识产权出版社有限责任公司	网　　址	http://www.ipph.cn
社　　址	北京市海淀区气象路 50 号院	邮　　编	100081
责编电话	010-82000860 转 8512	责编邮箱	15803837@qq.com
发行电话	010-82000860 转 8101/8102	发行传真	010-82000893/82005070/82000270
印　　刷	北京九州迅驰传媒文化有限公司	经　　销	新华书店、各大网上书店及相关专业书店
开　　本	787mm×1092mm 1/16	印　　张	12.25
版　　次	2023 年 2 月第 1 版	印　　次	2023 年 2 月第 1 次印刷
字　　数	182 千字	定　　价	68.00 元
ISBN 978-7-5130-7879-5			

出版权专有　侵权必究
如有印装质量问题，本社负责调换。

GUOJIA JINGJI ANQUAN ZHIDU
JIANSHE YANJIU

本书获得国际关系学院中央高校基本科研业务费追加经费
科研特色培育项目资助（3262015T80）

国家经济安全制度建设研究

周晓华 著

知识产权出版社
全国百佳图书出版单位
—北京—

前言

自进入 21 世纪以来，人类社会面临诸多矛盾和问题，国内外问题和矛盾的不断出现与累积也给新阶段下我国国家安全带来了新的考验与挑战。为了应对当前复杂、棘手的问题与挑战，以习近平同志为核心的党中央在坚持传统国家安全观的基础上，从战略新高度提出新的"总体国家安全观"，进而在国家安全观的演变史上实现了新的突破。"总体国家安全观"强调，以人民安全为宗旨，以政治安全为根本，以经济安全为基础，以军事、科技、文化、社会安全为保障，以促进国际安全为依托，走出一条中国特色国家安全道路。"总体国家安全观"表明，经济安全是国家安全体系的重要组成部分，同政治安全、国土安全、军事安全等共同构成了国家安全体系。国家安全是指一国最为根本的利益不受侵害。而与之对应的，国家经济安全则是指一国最为根本的经济利益不受侵害。2015 年 1 月 23 日，中共中央政治局审议通过《国家安全战略纲要》，这是严格贯彻"总体国家安全观"的具体体现；2015 年 7 月 1 日，全国人民代表大会常务委员会通过了新的《中华人民共和国国家安全法》（以下简称《国家安全法》），提出国家应不断完善维护国家安全的战略，明确重点领域的国家安全政策、指导方针、中长期目标，该法同时进一步以法律的形式明确了经济安全的基础地位。毫无疑问，《国家安全战略纲要》和新《国家安全法》的实施为进一步制定、构建国家经济安全保障制度体系提供了战略指引和努力方向，有助于在新的复杂形势下维护国家经济安全、完善中国特色社会主义制度、推进国家治理体系和治理能力现代化。基于此背景，本书将结合我国实际情况按照从整体到局部再到整体的逻辑结构，主要围绕以下内容展开。

导论。这部分主要叙述国家经济安全研究的现实意义与理论意义，国内外对国家经济安全的相关研究，以及本书的研究内容与研究方法。

上篇：理论基础与制度分析。该部分包括第一章与第二章，主要对国家经济安全的理论基础以及相应制度分析予以讨论。

第一章：国家经济安全概述。本章主要阐述国家安全与国家经济安全的关系、不同理论视域下（依附论、新自由主义、马列主义、美国制度主义、发展经济学）的国家经济安全分析，以及国内外不同研究者对国家经济安全内涵的界定、本书对国家经济安全内涵的理解、国家经济安全基本特征与内容体系。

第二章：国家经济安全的制度分析。本章主要从制度及制度理论的视角对国家经济安全进行分析，如国家经济安全保障制度的界定、分类、功能，最后从交易成本理论、契约理论、制度变迁理论等新制度经济学视角对国家经济安全及其本质予以分析。

中篇：现状及应对。该部分主要对我国各相关领域经济安全现状进行评估，并提出相应的部门制度完善思路，具体包括第三章、第四章、第五章及第六章。

第三章：新时期我国财政安全现状及其制度建设。本章主要从财政收支风险、国债规模风险、地方政府债务风险三个方面对我国新时期财政安全现状予以评估，并在此基础上分别从立法、政策两个层面对我国新时期保障财政安全的制度建设提出完善建议。

第四章：新时期我国金融安全现状及其制度建设。本章主要从宏观金融、微观金融机构及房地产市场三个角度对我国新时期金融领域安全现状予以评估，并进一步分析了境内、境外金融风险传导与我国经济安全的关联，最后结合以上分析，分别从立法、政策两个角度，并基于宏观、微观、房地产三个层面，对我国新时期维护金融安全的制度建设提出完善建议。

第五章：新时期我国实体产业安全现状及其制度建设。本章主要从产业组织、产业结构两方面对我国新时期实体产业安全现状予以评估，并在此基础上分别从立法、政策两个层面对我国新时期保障实体产业安全的制度建设提出完善建议。

第六章：新时期我国粮食安全现状及其制度建设。本章主要从粮食生产、粮食流通、粮食需求以及粮食贸易四个角度对我国新时期粮食安全现状予以评估，并在此基础上分别从立法、政策两个层面对维护我国新时期粮食安全的制度建设提出完善建议。

下篇：制度体系构建。该部分主要包括本书第七章、第八章内容。

第七章：国外经济安全保障制度。本章主要对美国、日本、俄罗斯三个国家的经济安全观、法规、机构现状进行考察并借鉴，为维护我国经济安全以及相应制度构建提供必要参考并拓展思路。

第八章：新时期维护我国国家经济安全的制度建构。本章主要基于前文分析，分别从顶层制度与部门制度、国家经济安全决策机制、国家经济安全监督审查机制以及国家经济安全评估预警机制四个方面对维护我国经济安全的制度体系构建提出设想与构思。

总之，新时期背景下的国家经济安全问题是政府、企业和个人必须关注的重要问题。本书对我国经济安全及相关部门安全现状的分析，有助于读者从理论和政策的角度对我国当前所面临的经济安全问题有一个初步且较为全面的把握与了解，对规避可能的经济和相关具体领域风险提供了有益的参考建议，特别是对我国在当前复杂多变的国际背景之下主动转变经济发展方式和构建国家经济安全制度保障体系提出了相关思路和建议。当然，由于笔者水平有限，研究中还存在诸多不足之处，望得到各位专家学者的批评斧正。

目录 CONTENTS

导论 导论

第一节 研究背景与意义 /001
　　一、现实意义 /001
　　二、理论意义 /003
第二节 研究内容与方法 /005
　　一、研究内容 /005
　　二、研究方法 /007

上篇 理论基础与制度分析

第一章 国家经济安全概述 /011
　第一节 国家安全与国家经济安全 /011
　第二节 国家经济安全理论基础 /014
　　一、国家经济安全的界定 /015
　　二、国家经济安全的特征 /017
　　三、国家经济安全的内容 /021
　第三节 我国经济发展总体形势（截至2020年）/024
　　一、国际总体发展趋势 /024

二、国内宏观经济基本面 /026

第二章　国家经济安全的制度分析 /029

　　第一节　国家经济安全保障制度 /029

　　　　一、制度及国家经济安全保障制度 /029

　　　　二、国家经济安全保障制度分类 /030

　　　　三、国家经济安全的制度保障功能 /034

　　第二节　国家经济安全的新制度经济学解读分析 /036

　　　　一、交易成本视域下的国家经济安全 /036

　　　　二、契约理论视角下的国家经济安全 /039

　　　　三、制度及其变迁理论视域下的国家经济安全 /042

中篇　现状及应对

第三章　新时期我国财政安全现状及其制度建设 /049

　　第一节　我国财政安全现状 /049

　　　　一、财政收支风险 /049

　　　　二、国债规模风险 /053

　　　　三、地方政府债务风险 /055

　　第二节　新阶段下维护我国财政安全的制度建设 /057

　　　　一、维护我国财政安全的立法思路 /057

　　　　二、新阶段下促进财政安全的政策着力点 /058

第四章　新时期我国金融安全现状及其制度建设 /063

　　第一节　我国金融安全现状 /063

　　　　一、宏观金融安全现状评估 /64

　　　　二、微观金融机构安全现状评估 /69

　　　　三、房地产市场安全现状评估 /75

　　第二节　金融风险传导与经济安全 /79

　　第三节　新阶段下维护我国金融安全的制度建设 /80

　　　　一、维护我国金融安全的法律建设 /80

二、新阶段下促进金融安全的政策侧重点 /84

第五章　新时期我国实体产业安全现状及其制度建设 /89

　　第一节　我国实体产业安全现状 /89

　　　　一、我国实体产业组织安全现状 /90

　　　　二、我国实体产业结构安全现状 /100

　　第二节　新阶段下维护我国实体产业安全的制度建设 /107

　　　　一、维护我国实体产业安全的法律建设 /107

　　　　二、新阶段下促进我国实体产业安全的政策侧重点 /110

第六章　新时期我国粮食安全现状及其制度建设 /115

　　第一节　我国粮食安全现状 /115

　　　　一、粮食生产安全现状 /116

　　　　二、粮食流通安全现状 /122

　　　　三、粮食需求安全现状 /125

　　　　四、粮食贸易安全现状 /127

　　第二节　新阶段下维护我国粮食安全的制度建设 /130

　　　　一、维护我国粮食安全的法律体系建设 /130

　　　　二、新阶段下促进我国粮食安全的政策侧重点 /135

下篇　制度体系构建

第七章　国外经济安全保障制度 /141

　　第一节　美国经济安全模式及制度构建 /141

　　　　一、美国国家经济安全观 /141

　　　　二、美国国家经济安全的立法概况 /142

　　　　三、美国国家经济安全的组织机构 /146

　　第二节　日本经济安全模式及制度构建 /148

　　　　一、日本国家经济安全观 /148

　　　　二、日本国家经济安全的立法概况 /149

　　　　三、日本国家经济安全的组织机构 /153

第三节　俄罗斯经济安全模式及制度构建 /155
　　一、俄罗斯国家经济安全观 /155
　　二、俄罗斯国家经济安全的立法概况 /156
　　三、俄罗斯国家经济安全的组织机构 /161

第八章　新时期维护我国国家经济安全的制度构建 /164
　　一、顶层制度设计与部门制度设计 /164
　　二、我国国家经济安全决策机制设计 /166
　　三、我国国家经济安全监督审查机制设计 /170
　　四、我国国家经济安全评估预警机制设计 /174

参考文献 /181

导论

第一节 研究背景与意义

一、现实意义

国家经济安全作为国家安全的重要组成部分，一直以来都是社会科学领域关注的热点。1997年至今，先后爆发了两次大规模的全球性金融危机。1997年始于泰国的亚洲金融风暴，不仅先后席卷东南亚多数国家，其危害也随后快速蔓延至全球其他国家。2007年之后始于美国的次贷危机，伴随着灾难从虚拟经济领域向实体经济领域扩散，使世界各国经济增速放缓，失业率激增，最终引发了波及全球的金融危机，此次全球性经济衰退沉重打击了包括发达资本主义国家在内的全球经济，其负面影响至今仍未消退。全球性金融危机的发生还伴随着一系列区域性金融危机，如墨西哥金融危机、俄罗斯金融危机、南非金融危机、阿根廷金融危机等。所有这些危机的发生似乎都在颠覆人们之前的认知与常识，即在全球化的大趋势下，世界各国均能在不同程度上受益于全球化所带来的益处。然而，一次次全球性危机过去后，我们看到的是，有些国家或是倒下，或是黯然失色，也有一些国家在危机中顽强生存下去，甚至可以伺机而待，最终脱颖而出，逐渐发展成区域内甚至全球范围内的引领者。在这种背景之下，一个共识基本形成，即全球化本身不是一个简单的、单向的过程，全球化自身也存在周期性：有些阶段可以正向、快速地顺应全球经济发展，在不同程度上积极影响各国的经济增长、就业形势、贸易指数以及人均收入，但往往在这个过程中，它又为一个新的周期埋下种子，例如产业结构老化、产能过剩、生产技术落后，甚至是某些宏观制度的不适应，进而引发新一轮危机，而在一个足够大的系统事件爆发之后，比如战争、大规模疫情，或者是局部地区所产生的政治动荡、经济风险等，可能使这枚种子通过国际贸易、全球金融对其他国家造成冲击，进而产生连带效应与蝴蝶效应，最终在全球范围内形成一个慢性的、长期的低迷和衰退。

同时，自 2015 年起，"逆全球化"趋势有所发展：在经济方面，全球消费、投资需求、原油等大宗商品价格持续处于低位运行状态，世界经济整体呈现出动力不足、发展缓慢的态势；在全球治理方面，包括美国、欧洲部分国家在内的一些国家，由于在应对 2020 年新冠病毒感染疫情时信息误判、政客不作为等因素，导致其自身发展受到重创，外加内部经济结构失衡、社会两极分化、种族歧视等问题，各国单边主义、保护主义、民粹主义等逆全球化思潮逐渐抬头，这为当下实施的全球治理与国际合作带来了极大的不确定性。在这个过程中，美国试图将风险转移给其他国家，数次以维护自身国家经济安全为由，频繁使用经济制裁等手段危害其他国家经济安全，而作为美国的主要遏制对象，我国国家经济安全所面临的影响尤为严重。

面对新形势下复杂多变的国际环境以及国内经济安全风险隐患不断积累等现实问题，我国国家经济安全应对机制在某种程度上也需要不断调整。党的十五大提出"要维护国家经济安全"。党的十六大提出"要十分注意维护国家经济安全"。党的十六届四中全会提出"要有效防范和应对来自国际经济领域的各种风险,确保国家的经济安全"。党的十七大强调"构建有效的国家经济安全体制机制,增强国家的经济安全监测和预警、危机反应和应对能力"。党的十八大以来,习近平同志多次提及"底线思维""稳中求进""稳中有为"的思想,并明确指出,我们既要正视面临的困难和挑战,又要看到具备的有利条件和积极因素,既要坚定必胜信心,又要增强忧患意识。"底线思维"注重的是对危机、风险、底线的重视和防范,管理目标上侧重防范负面因素、堵塞管理漏洞、防止社会动荡。"底线管理"反映在社会经济发展层面,就是对国家经济安全条件的监测以及提高经济安全能力。党的十八大以来,国家推进供给侧结构性改革,防范化解经济金融风险,不断巩固经济安全基础。党的十九大以来,国家维护宏观经济稳定和金融安全,健全货币政策和宏观审慎政策双支柱调控框架,深化利率和汇率市场化改革,健全金融监管体系,守住不发生系统性金融风险的底线。以上所有指导思想都折射出中央对国家经济安全问题的关注度越来越高,关注点也越来越具体。尽管近些年我国的国家经济安全整体运行良好,但是在实践过程中也暴露出一些问题,尤其是在相关制度建设方面仍然落后于西方发达国家,在一些应用层面出现了制度冲突甚至是制度真空的情况,因此,我国亟待进行制度上的建构。

二、理论意义

从目前来看,国内有关国家经济安全的研究成果主要集中在以下几个方面。首先,多数成果侧重于对我国某一领域的经济安全问题以及围绕我国经济全球化发展的某个方面对国家经济安全的影响进行分析。例如,梁勇著的《开放的难题:发展中国家的金融安全》、成思危主编的《东亚金融危机的分析与启示》都深入、系统地对国家经济安全的金融安全环节进行分析。此外,张幼文、周建明等著的《经济安全:金融全球化的挑战》、崔健著的《外国直接投资与发展中国家的经济安全》以经济全球化发展的某一方面为视角,对发展中国家的经济安全问题进行介绍与分析。其次,中国经济安全及其战略问题的研究进展明显。其中,清华大学成立的国家经济安全研究中心相继出版了一系列以中国国家经济安全为主题的著作和研究报告，为国内的相关研究提供了丰富的研究经验和成果。再次，相当一部分成果是从经济社会发展的现实需要出发，侧重于探讨中国的经济安全挑战及其表现，并提出了应对建议，如徐桂华主笔的《中国经济安全的国家战略选择》、史忠良主编的《经济全球化与中国经济安全》、杨永华等著的《利用外资与维护国家经济安全》、马杰著的《经济全球化与国家经济安全》、王新奎主编的《世界贸易组织与我国国家经济安全》等。我国一些学者也从其他学科的视角探讨了国家经济安全问题，如路志凌著的《国家经济安全与流通》，主要探讨了流通与经济安全的内在联系；郑通汉著的《经济全球化中的国家经济安全问题》，主要从制度经济学角度研究了经济全球化与国家经济安全的关系；龙文懋著的《全球化与经济安全》则从法律视角探讨了全球化背景下的经济安全问题。最后，一部分学者对国家经济安全的评估标准进行了研究，如顾海兵选取了市场安全、产业安全、金融安全和信息安全四项指标对经济安全进行评估；王恕立提出了三个主要经济指标，分别是市场占有率、固定资产投资和对外依存度；叶卫平也提出了国家经济安全的两级评价指标体系及其不同的权重确定方法。以上研究成果对于国家经济安全的实践工作开展有重大意义。

由此可见，国内现有的、围绕国家经济安全的成果已有很大程度的积累和突破，但在当前我国以及国际的特殊背景之下，尤其是在经济全球化以及逆全球化、2020年新冠病毒感染疫情的全球暴发背景之下，现有研究成果不论在纵向研究时段还是横向研究范围以及研究视野方面均存在一定盲区，这也为本书选题的进一步研究提供了契机和发挥空间。

首先，从纵向研究时段方面看，自改革开放以来，许多著作都致力于从经济转轨和体制改革过程中外源性风险的角度出发，来认识和探讨经济安全问题，而对此过程中，国内逐渐显现出来的内联性威胁，却没有给予相应的重视和具体分析。毫无争议的一点是，改革开放大大提升了我国的综合国力，这也从根本上促进了我国的经济安全，然而此过程中也逐渐暴露出一些威胁国家经济安全的因素。例如，此进程中出现的利益集团对

"改革红利"的分配不均且贫富差距日益扩大的现状、由国内腐败问题所导致的国内经济犯罪数量攀升,以及国内投资环境的恶化、国内公共卫生等突发事件的频发,均可使国家经济安全受到影响。因此,本书在部门风险与安全现状的评估分析中,对各部门领域内所存在的各种内联性风险与相应的安全现状予以分析及评估,并在此基础上,采用内外联动的思路,以期为国家经济安全整体制度架构的建立提出建议。

其次,从横向研究范围来看,国内大部分研究工作者将经济安全分析分解为部门经济安全来开展研究,如产业安全、金融安全、财政安全等,所以在相关制度建设的分析和考量方面缺乏全局性、协同性、关联性。本书试图从全局角度入手,提取各部门经济安全的共同点,并以此为国家经济安全的顶层制度设计提出建议。

最后,从研究视野来看,在国际经济形势瞬息万变的今天,不同阶段背景下的国内外经济形势对国家经济安全的影响和要求各不相同,因此,国家经济安全的分析框架也应该是一个不断发展的体系。时至今日,我国经济安全的总体特征可概括为"矛盾尖锐与全局可控",故对新形势下的国家经济安全问题进行分析之前,首先重新评估新形势下国家经济安全状态与风险。基于此,本书基于可得的最新数据,对新阶段我国经济发展的整体形势以及部门安全态势进行考察与评估,据此针对现阶段保障我国国家经济安全的制度体系,从顶层制度设计到部门制度设计予以系统分析,并提出相关政策建议。

第二节　研究内容与方法

一、研究内容

本书将主要对以下四大问题进行考察与分析。

1. 国家经济安全与制度

首先对于相关理论和概念进行界定,包括国家经济安全的基本理念和着眼点、国家经济安全的制度保障功能（正式制度和非正式制度）以及结合制度变迁理论探讨国家经济安全的制度现状和演变过程，从动态角度以及遵循制度演化规律的角度提出新阶段下国家经济安全制度改革应该注意的问题。

2. 新制度经济学视域下的国家经济安全解读

这部分主要从新制度经济学的三个理论视角（交易成本视角、契约理论视角以及制度变迁视角）对国家经济安全及其制度构建予以解读。同时，本书对我国国内有关国家经济安全的非正式制度进行初步考察与分析，进而在构建相关制度体系的同时，力图实现正式制度与非正式制度的有机耦合，为经济安全保障体制的构建奠定科学合理的制度基础。

3. 新形势下的我国国家经济威胁及风险分析及其缘由探析

结合当前经济发展的特征，基于内外联动的思路，对我国当前经济发展所面临的风险及威胁进行分析，即分别从财政安全、金融安全、实体产业安全、粮食安全四个方面对我国国家经济安全进行风险评估和缘由探析。

4. 有利于国家经济安全的正式制度保障分析

基于第三点的风险评估及相关要求，提取国内各部门有关维护经济安全的制度需求的共同点，再结合当今世界大国有关经济安全制度建设现状，进一步从一般性的角度，为维护我国国家经济安全的顶层制度构建提供思路。

在具体考察过程中，本书重点关注以下几个问题：首先是对我国新阶段下不同经济部门的风险与威胁进行评估，进一步在符合各自部门经济安全利益的制度基础上提取共同点以形成顶层制度安排，这也是本研究的创新之一。其次，结合西方新制度经济学理论，分别从交易成本角度、契约理论角度以及制度变迁角度，对国家经济安全及其问题研究展开分析，进一步丰富并扩展国家经济安全的理论基础。最后，以内外联动的思路，进行新阶段下国家经济安全制度保障分析，尤其是对基于目前[①]有关国家经

---

① 本书涉及的数据和各项研究的时间如无特别说明，均截至 2020 年 12 月 31 日，下不赘述。

济安全的非正式制度研究有所缺失的部分展开分析，此部分的探讨也是对现有研究领域的补充和突破。

二、研究方法

基于本研究的理论性和实证性，本书主要采取以下研究方法。

1. 理论演绎与实证分析相结合

本书首先采用新制度经济学的相关理论探讨开放经济新阶段中的国家经济安全问题，在具体的理论分析中，也涉及国际经济学、国际政治经济学、法学等其他领域理论知识。同时，本书结合我国经济发展的实际，对国家经济安全进行评估，并据此对现阶段的国家经济各领域安全的特征、现状展开实证分析。本书研究力图将理论演绎和实证分析尽可能结合起来，避免规范研究与实证研究背离。

2. 动态与静态分析相结合

在不同发展阶段中，国家经济安全的内涵、表现形态不尽相同。传统研究范式主要运用静态分析的研究方法，忽略了国家经济安全环境及其制度演变的动态性特征，从而使相关研究总是滞后于客观形势的发展，不能满足指导实践的需要。本书在兼顾静态分析的同时，对开放经济条件下我国不同领域内经济安全的动态发展过程进行分析，以期能够更好地认识和解决经济安全问题。

3. 局部分析和整体归纳分析

在探讨维护国家经济安全的顶层制度构建时，本书首先通过局部分析法对国民经济中的四个领域经济安全及其制度需求进行分析，再通过整体归纳分析方法，在部门经济安全分析基础之上，提取出一整套基于宏观层面的顶层制度理论。因此，本书力图将局部分析和整体归纳分析有机结合，并以此来对相关问题进行合乎逻辑完备性的研究与分析。

上篇

理论基础与制度分析

第一章
国家经济安全概述

第一节 国家安全与国家经济安全

国家安全自古以来是国家职能的一个重要方面，在国家间交往日趋频繁的当代显得尤为重要，其基本含义有二：其一主要针对外源性风险，即必须保证一个国家的安全不受外国侵略；其二主要针对内源性风险，国家安全也意味着一国国内也需要保持稳定，反对颠覆。随着改革开放的不断深入和经济社会的快速发展，我国"国家安全观"也呈现出独具特色的制度变迁特点，由中华人民共和国成立初期的"战争与革命"逐渐转变为"和平与发展"，具体来讲，其先后历经了毛泽东时期的把政治安全和军事安全作为重点的国家安全观，邓小平时期的用经济发展促进国家安全实现为思路的国家安全观，江泽民时期的以保障经济安全为核心，兼顾政治、军事、文化等多种安全领域的综合国家安全观，胡锦涛时期的在互信、互利、平等、协商的基础上，既立足中国，又放眼世界的全球性国家安全观，以及习近平同志的总体国家安全观的历史演变过程。在这个过程中，一个显著的特点就是，我国历届国家领导人在不断地对国家安全的内容进行丰富、对其范围进行扩大的同时，越发强调经济发展以及经济安全在国家安全中的重要性。

如前言所述，自我国进入 21 世纪以来，社会问题复杂多变，诸多社会矛盾层出不穷，国内外问题和矛盾的不断出现与累积也给新阶段我国"国家安全"带来了新的考验与挑战。为了应对当前复杂、棘手的问题与挑战，以习近平同志为核心的党中央在坚持传统国家安全观的基础上，以战略高度提出新的"总体国家安全观"，进而在国家安全观的演变史上实现了新的突破。"总体国家安全观"强调，以人民安全为宗旨，以政治安全为根本，以经济安全为基础，以军事、科技、文化、社会安全为保障，以促进国际安全为依托，走出一条中国特色国家安全道路。而贯彻落实"总体国家安全观"，习近平同志指出，既要重视内部安全，也要重视外部安全。在对待内部方面，要通过求发展、变革和稳定，建设平安中国。在对待外部方面，要通过求和平、合作与共赢，建设和谐世界；既重视国土安全，又重视国民安全，坚持以人为本的国家安全理念；既重视传统安全，又重视非传统安全，构建集政治安全、国土安全、军事安全、经济安全、文化安全、社会安全、科技安全、信息安全、生态安全、资源安全、核安全等于一体的国家安全体系；既重视发展问题，又重视安全问题，把发展视为安全的基础，把安全当作发展的条件；既重视自身安全，又重视共同安全，建立国际社会的命运共同体。

"总体国家安全观"表明，经济安全是国家安全体系的重要组成部分，同政治安全、国土安全、军事安全等共同构成了国家安全体系中的重要领域。国家安全是指一国最为根本的利益不受侵害。而与之对应的，国家经济安全则是指一国最为根本的经济利益不受侵害。一国最为根本的经济利益主要表现为经济主权独立、基础稳固、稳健增长、充分就业、科技进步、持续发展。其中，前三者"经济主权独立、基础稳固、稳健增长"可概括为一国在国际经济舞台中具有相当的自主性、自卫力和竞争力；后三者"充分就业、科技进步、持续发展"则可进一步概括为一国能有效避免或化解潜在的局部或全局性的经济危机，进而避免整个经济由此受到过大甚至是结构性冲击而遭受严重的国民经济利益损失。

经济安全与国家安全中的其他安全相互影响、互为支撑。一方面，经济安全是国家其他安全的经济基础和物质保障，为其他安全的实现与维持提供必要的资金、人才、技术等资源。同时，经济安全是政治安全和军事安全追逐的终极目标。正如马克思、恩格斯所说，"政治权力不过是用来实现经济利益的手段"[①]。在所有国家利益的追求中，一旦抽离了经济利益，其他利益的获取与追求也就失去了存在和实现的意义。在当前复杂多变的国际政治经济格局中，一国只有快速发展自身经济，早日实现自己的发展战略，才能真正抵挡西方霸权主义、强权政治的威胁，进而提升自身国家安全的整体水平。因此，从一国长治久安的角度来讲，在国家安全体系中，一国的经济安全居于核心和基础地位。

另一方面，国家安全中的其他安全也为经济安全与经济发展提供必要条件与保障。可以设想，在一个政权动摇、社会动荡、战争肆虐的国家，个人财产权利所面临的问题不再是能不能得到有效保护，而是会不会被剥夺，私营企业的经济安全都不能得到有效维持，国家经济安全自然犹如结草之固，岌岌可危。如果政治稳定与社会安定，国内经济市场受到的外来或者内生冲击就会减少，市场抗冲击以及风险化解能力也会有所加强，经济安全能力将有所提升。放眼当今国际现状，冲突不断和内外战争频发的北非、西亚等地区就是强有力的反证，它们缺乏传统安全，例如政治安全、军事安全，也包括非传统意义上的资源安全、生态安全等，在这样的形势下，一国经济自然难以得到稳定、有序、可持续的发展，甚至还有可能面临经济僵滞、衰退和危机。

因此，我们需要正确对待国家安全与国家经济安全之间的关系，或者说，我们应该科学、理性地判断国家经济安全在总体国家安全观中的意义与角色。在"冷战"时期，军事安全在当时所有国家的安全体系中均处于核心地位，美苏对抗主要聚焦于军备竞赛。"冷战"结束之后，世界各国的安全观以及战略重心都先后发生重大调整，从传统的军事安全与国防建

---

① 中共中央马克思恩格斯列宁斯大林著作编译局. 马克思恩格斯选集：第4卷[M]. 北京：人民出版社，1972：246.

设不断向经济安全靠拢。在自身经济基础以及国际竞争力都不断增强的同时，各国国际关系的处理更多的是从维护本国的经济利益出发。当前，世界上大多数国家，尤其是具有较大国际影响力的国家，在制定自身国家安全与发展战略时，都不同程度地把国家经济的发展与安全作为国家战略的出发点和归宿。经济安全成为各国制定对外战略的重要依据。例如，国家经济安全在美国克林顿执政时期就被调整至美国三大对外政策的首位。

当然，国家经济安全概念也不能无限扩大化、泛化，一国如果将社会中其他与经济相关的所有潜在、可能的风险都涵盖在内，则极有可能夸大经济安全的概念，以经济安全为由，对内缩手缩脚，甚至故步自封，对外开展政府限制和制裁行动，阻碍正常的经济发展和贸易往来，经济安全问题则成为恶化贸易投资环境、逆全球化的原因。同时，当我们在对国家经济安全的内容进行界定时，尽管当今社会发展中各领域，如政治、经济、文化等，互为整体且相互渗透，但我们开展具体分析研究时，需要"集中精力办好事"，避免使经济安全的内容与范围过于笼统、宽广，这样会弱化问题研究的针对性与具体性。因此，依据总体国家安全观[①]，本研究主要集中关注对我国当前金融安全、财政安全、实体产业安全、粮食安全等问题的评估与分析，而将战略资源安全、生态环境安全、信息安全等问题从传统经济安全的分析视域中抽离出来，这也符合总体国家安全观的理念与思想。

第二节　国家经济安全理论基础

经济全球化的不断深入发展，让越来越多的国家融入世界体系，国家间合作进一步深化，国家间利益相互渗透融合。在此背景之下，一方面，一国尤其是发达国家的经济政策调整具有比以往更为显著的国际溢出效

---

① 2014年4月15日上午，中共中央总书记、国家主席、中央军委主席、中央国家安全委员会主席习近平主持召开中央国家安全委员会第一次会议并发表重要讲话。习近平总书记强调，要准确把握国家安全形势变化新特点、新趋势，坚持总体国家安全观，走出一条中国特色国家安全道路。

应,甚至可能引发全球性的经济波动。另一方面,经济实力依旧作为各国相互竞争的焦点所在,国际市场对于当前任何一个国家拓展其经济利益而言,均具有史无前例的重要意义。因此,在如此背景之下,国家经济安全的重要性日渐凸显。作为非传统安全的重要组成部分,经济安全逐渐脱离国家安全体系中的附属位置,已然占据与政治安全、军事安全同等重要的关键地位。因此,对国家经济安全的理论基础进行研究无疑具有重要的意义。

一、国家经济安全的界定

国家经济安全是相对于国家政治安全、国家军事安全以及国家文化安全而言的,是国家安全体系的重要组成部分。早期的研究多集中于对国家安全的整体性进行分析,而在具体安全领域,更多强调政治安全和军事安全,没有专门涉及经济安全。随着经济全球化的发展和世界政治经济环境的变化,国家安全问题涉及的内容从单一的政治、军事问题逐渐拓展为政治、军事、经济、文化多方面的国家安全问题。经济安全逐渐受到各国的重视,成为国家安全的基础和中心。

经济安全的重要性毋庸置疑,但不同学者对经济安全界定和内涵的认识不尽相同。有人将国家经济安全看作维护本国经济不受外部侵害,有人认为国家经济安全是经济竞争力及其带来的相应的国际政治地位和能力。巴里·布赞(Barry Buzan,1991)认为,经济安全这一概念只有在限定的条件下,在经济与军事力量、权力和社会认同之间具有明显的联系时才有意义;马姆努恩(Mamnoon,2012)认为,经济安全应体现政府在收入再分配方面的能力。俄罗斯自然科学院院士维康先恰克夫认为,经济安全是指一国在世界经济一体化条件下保持国家经济发展的独立性,所有经济部门稳定运行,公民具有体面的生活水平,社会经济稳定,国家完整,各民族文化具有自己的独特性,强调国家经济安全是国家、机构、国民在开放经济条件下的一种运行状态。

国内学界对国家经济安全的研究起步较晚,但对经济安全的内涵进行了广泛的探讨。王逸舟（1999）认为，经济安全在国家层面上是指一个国家经济体系抵御国内各种干扰、威胁、侵袭的能力。这种经济安全观强调的是一国经济抵抗国内各种风险的能力。在经济全球化背景下，国家经济安全应该是全方位的，不应仅仅局限于国内因素，更应该综合考虑国际国内各种影响、威胁国家经济安全的因素。谢晓娟（2000）指出，国家经济安全即国家安全的经济化，通常指一个国家的经济生存和发展所面临的国内国际环境，参加国际经济竞争的能力及其带来的国际政治地位和影响力。这种观点侧重的是经济安全对国家安全的影响，而不是从经济全球化的角度阐述影响经济安全的各种因素。雷家骕（2006、2012）则认为，国家经济安全是指一国作为一个主权独立的经济体，其最为根本的经济利益不受侵害，即一国经济在整体上主权独立、基础稳固、健康运行、稳健增长、持续发展。具体指一国在国际经济生活中具有一定的自主性、自卫力和竞争力，不至于因为某些问题的演化而使整个经济受到过大的打击和（或）损失过多的国民经济利益，能够避免或化解可能发生的局部性或全局性经济危机。这一界定下的国家经济安全实际是一种泛化的经济安全观，其不仅涉及经济安全，还包含了经济增长和经济发展。陈宝利（2007）认为，国家经济安全是指在经济全球化条件下，一国经济发展和经济利益不受到外来势力根本威胁的状态。这种经济安全观仅突出了外部因素对一国经济安全的影响，而没有考虑到国内因素，显然是不全面的。顾海兵等（2007）没有直接给出国家经济安全的界定，但倾向于将国家经济安全问题的研究限定在外部冲击可能带来的国内经济运行的风险上，并强调应从时间导向的经济安全、空间导向的经济安全、问题导向的经济安全、主体导向的经济安全和外生导向的经济安全五个维度探讨国家经济安全的内涵与外延。葛冰和郑垂勇（2009）综合了前人对国家经济安全界定的观点，将国家经济安全界定为主权国家在开放条件下经济发展、经济利益不受内外部威胁和侵害而保持正常发展的状态和能力，并进一步指出对国家经济安全这种界定包含以下三方面的含义：凸显了国家经济安全在经济全球化背景下对于一国经济发展、经济利益的重要性；国际、国内因素可能会对一国经济发展、经济利益造成冲击，威胁国家经济安全；国家经济安全是一国经济保持正常发展的状态和能力，经济安全并不等同于经济均衡、经济可持续发展，前者只是后者的前提和基础。针对国家经济安全的界定，顾海兵等认为，其所涵盖的安全思想应该既是一种状态，也是一种能力（顾海兵和孙挺，2012；顾海兵和张帅，2016；王军红，2019）。

综上所述，本书沿袭多数学者对国家经济安全界定的思路，即国家经济安全是指一国经济秩序能够正常运转，一国经济利益与持续发展不受到国内、国外环境的影响、威胁、破坏的状态。具体来说，基于经济风险的内生性与外联性，国家经济安全相应地包括两方面：一是指国内经济安全，即在没有显著、持续的外界冲击与干扰的情况下，一国国内不会出现严重的社会经济波动和市场紊乱、失业恶化、通货膨胀严重等现象，也不存在贫困加剧趋势以及外来人口的突发性涌入（主要是外来移民）等状况，社会经济处于相对稳定、有序和可持续发展的状态之中；二是指国家外部经济安全，即一国经济社会发展所必需的国外资源的供给和渠道具有畅通性、稳定性及持续性，同时一国海外利益及投资环境平稳且不受威胁。基于此，本书中的国家经济安全观强调的是在开放体系下，一国的经济发展和经济利益不受本国国内、国外各种因素（经济因素、非经济因素）的破坏和威胁的一种状态。具体来说是：一国经济结构布局合理、全面且能够兼顾可持续发展，经济发展战略的实施免受国内外各种因素的损害和干扰，参与国际经济合作时具有一定的自主性、自卫力和竞争力，能够避免因外部因素的巨大冲击而使整个国民经济剧烈波动，从而达到规避经济风险、化解经济危机、经济持续健康协调发展的目标。[①]

二、国家经济安全的特征

由于国家经济安全是国家安全的子概念，国家经济安全既具有国家安全的一般特征，也具有其自身的特性。国家经济安全主要具有以下特征。

---

① 刘斌. 国家经济安全保障与风险应对［M］. 北京：中国经济出版社，2010：32.

1. 国家性

国家经济安全作为国家安全体系的重要组成部分，其国家性可进一步划分为整体性与主权性。在一个国家内部，国家经济安全的整体性强调的是一个国家经济整体上的安全。所谓整体，意味着不只是某一个区域或者某一个领域层面的经济安全。在现实经济运行的过程中，微观层面的个人、企业，或者某一区域、领域的经济利益，并不总是与一国国家的整体经济利益一致，在这种情况下，国家经济安全的国家性、整体性强调，中、微观层面的局部利益要让位于国家利益，只有国家层面的整体经济利益得以稳定与维护，国家经济安全才能得以确保。在主体层面，国家经济安全的主权性强调国家是维护本国经济安全的主体，主权国家在解决自身国家经济安全问题上拥有自主决定权。在客体层面，国家经济安全的主权性强调国家的根本利益不受外来侵害，即国家的经济主权独立、国民经济体系的基础稳固、经济稳健运行、居民充分就业、社会科技进步、经济可持续发展等一国最为根本的经济利益能处于不受外部威胁的状态。

2. 战略性

国家经济安全的战略性同样可以从两个维度来理解。在时间纵向层面，国家经济安全强调的是在一个较长时段内的国家存续能力的维护与提升。因此，维护国家经济安全不能仅关注一国当前经济运行的状态与问题，而应重视一国未来长远利益的可获取性和连续性。而在现实实践中，有些国家甚至不惜牺牲短期、局部经济利益，以期维护本国长期经济安全，这种安全应对就是基于战略高度维系国家经济安全的典型做法。在横向跨领域层面，国家经济安全涉及资源、产业、金融、信息等多个安全领域，各领域间又存在着错综复杂的依存关系，牵一发而动全身。因此，从全局性角度对国家经济安全战略进行整体部署，并兼顾各领域内部、各领域之间的安全状态与相互关联，构建一个全面的、科学的国家经济安全保障体系，并将其纳入国家的整体战略中，方能有效维护国家战略利益。

3. 基础性

在"和平与发展"的时代主题之下，大国竞争的主战场逐渐从军事国防竞争转移至经济竞争。与此同时，在经济全球化迅速发展的背景之下，世界各国经济互动日益增多并越发频繁，经济领域内的摩擦、制裁甚至是危机传播成为世界各国共同面对的突出问题。这就使得经济安全在国家安全体系中的基础性地位越来越凸显。在一国之内，如果没有经济安全，社会、文化、环境、科技等其他领域的安全也就无从谈起。而在一国之外，其与他国之间的矛盾、冲突和斗争在很大程度上也是围绕经济利益展开的。同时，在当今和平发展的时代，维护国家安全，从根本上来说，是为了发展经济，提高人民的生活水平。从党的执政基础来看，经济安全是赢得民心、巩固政权、稳定社会的基本条件。因此，经济安全既是国家安全体系的重要组成部分，也是实现和维护国家安全的重要基础。

4. 复杂性

国家经济安全的复杂性具体可以从两个维度来讲，即内生复杂性和外源复杂性。其内生复杂性主要源于一国经济体系自身、内在的复杂性特点。一方面，国家经济安全体系是由金融、财政、对外贸易、粮食、实体经济等多个领域的安全共同构成的，这些领域之间存在相互依存、相互影响的关系，看似为相对孤立的领域，却常会产生"牵一发而动全身"的效应，所以不能简单地对待和处理。另一方面，经济安全体系下每一个领域（如金融市场、粮食市场）的安全问题同样是由众多因素决定的，其不仅受包括该部门内部与国内、宏观市场的相互影响（如不同领域的利益再分配问题），还要兼顾该领域在国内市场与国际市场层面的互动、干扰。国家经济安全的外源复杂性主要表现在国际环境的复杂多变方面。例如，当前的国际行为主体除了所有主权国家以外，还包括不同跨国公司以及各类国际组织，所有这些国际行为主体均怀揣着不同的利益拓展目的和经济战略计划与东道国产生互动，这无疑增加了东道国的甄别难度以及应对风险。另外，在全球化和经济一体化的背景之下，主权国家之间的经济国界趋于模糊，国与国之间经济往来层次交织、错综复杂，两国之间在某些领域也许存在重要合作，但在其他领域可能又是竞争对手，这无疑提升了维护国家经济安全的复杂性。

5. 国别性

随着全球经济的不断发展，世界各国都越发重视自身的经济安全防范和应对，但是在具体的实践过程中，各国的国家经济安全又体现出明显的国别性特征。其主要表现为：各国根据自身政治、社会、自然条件，基于不同的国际定位、战略目标，制定并实施与自身相适应的经济安全制度体系与保障机制。例如，美国经济安全目标是谋求美国经济的霸权地位，如果不能掌控全球经济命脉，于它而言就是经济不安全；而对于资源贫瘠的日本，其经济安全防范和应对则具有强烈的危机意识，其将本国经济安全战略锁定在保障海外资源获取的连续和畅通以及海外市场的稳定性和可获得性方面；俄罗斯的经济安全目标则体现为不断强化其在国际上的大国地位和世界影响力；中国的经济安全目标更多地强调本国社会经济的健康、可持续发展。

6. 动态性

国家经济安全的动态性具体也可以从两个维度来讲——一国经济安全状态的动态性和该国经济安全能力的动态性。对于状态动态性而言，由于当今世界是一个竞争、动态的世界，我们所处的时代也是一个发展的时代，身处不断变化的世界经济之中，一国国家经济所面临的外界环境以及外源性风险也不是一成不变的，因此，一国国家经济安全状态也会随之发生变动，这就意味着一国经济风险评估工作不会一劳永逸，而是需要做好长期、动态的跟踪、监管工作。因此，这里的"动态性"也可以理解为经济安全的"相对性"，国家经济安全可以在经济发展中通过人为努力予以维护而逐渐接近目标，但是绝不可能一劳永逸而高枕无忧。经济不安全是绝对的，经济安全则是相对的。另外，国家经济安全的动态性意味着递增性和周期性的特点，随着社会发展和文明进步，军事安全的重要性以及国防风险在一定程度上呈现出逐渐减弱的趋势，但国家经济安全则相反，经济越发达，市场条件和构成越复杂，与经济安全相关的新问题、新风险也会层出不穷。由于市场经济内在机制的作用，经济风险的随机性在增大的同时，还呈现出较为显著的周期性特征。

对于能力动态性而言，由于一国自身社会经济也是在不断发展与推进的，国内产业结构、经济体量，以及与之相关的其他社会、政治、文化等条件，也在不断进行着调整、扩大与变迁，因此，其对一国自身经济安全能力的要求也会相应地发生变化。过去的安全监测临界值在新的环境与情形下，未必还是安全的。因此，经济安全的动态性、时效性也大大增加了其维护工作的复杂性和不确定性。

7. 可控性

在经济全球化的背景之下，国际政治和经济形势不断发展，国与国之间的经济联系越来越紧密，各国国家经济安全受到了前所未有的挑战。因此，维持一个国家的经济安全及持续发展能力已成为世界各国必须解决的首要问题。其中，为防范和应对可能发生的威胁，对危机进行防控管理成为各国进行经济安全研究的重点。加强顶层设计，构建预警监控体系，建立保障体制，完善相关政策法规，已成为各国控制经济安全的重要手段。正是基于国家经济安全的"可控性"特征，本书以我国当前（截至2020年）经济安全的风险与状态为制度分析的客观依据，试图构建一套适用于维护我国国家经济安全的制度屏障，以达到规避经济风险、化解经济危机、保障经济持续健康协调发展的目标。

三、国家经济安全的内容

在经济全球化不断推进的背景之下，国家之间的利益关系趋于复杂化，贸易摩擦不断加剧，世界经济在高速发展的同时也面临巨大的风险，各国经济安全受到的威胁明显加大，国家经济安全对于任何一个主权国家而言都是一个必须面对且日趋紧迫的重大课题。在如此背景下，在集中研究、分析国家经济安全这一主题的过程中，国家经济安全的外延有不断扩展的趋势，出现了经济安全普遍化的倾向，即将所有于本国而言不利的、与经济风险相关的、可能带来经济隐患的因素（经济因素或者非经济因素）一概纳入经济安全范畴之内，从而导致这一概念涵盖的内容过多，削弱了问题研究的针对性与具体性。同时，依据我国总体国家安全观，本书将战略资源安全、生态环境安全、信息安全等问题从传统经济安全的分析领域中抽离出来，集中关注对我国当前金融安全、财政安全、实体产业安全、粮食安全等问题的评估与分析，这也是符合总体国家安全观的理念与思想。因此，在经济全球化时代，国家经济安全的外延应该上至国家主权和制度安全，下至企业、部门生产经济运行，不受国内外不安全因素扰动、破坏而能够稳定发展。基于此，本书认为，国家经济安全的内容可以按照宏观、中观、微观三个层面予以框定和梳理。

在宏观层面，国家经济安全是指主权国家的经济发展和经济利益不受外部和内部的威胁而保持稳定、有序和持续发展的一种状态。因此，于内，其强调主权国家对自身拥有经济决策自主权，以避免国家经济利益因受到内外界冲击而遭受大规模、持续性恶性侵蚀，同时，主权国家可以有效、及时地化解各种潜在风险，以保证国内经济稳定、有序、可持续性发展，而这两方面均要求主权国家政府在国内财政金融方面具有绝对平稳、坚固的安全基础；于外，其强调主权国家在经济全球化进程中，有效掌控自身经济发展所依赖的海外资源供给的可获得性和畅通性，有力保证自身海外利益不受侵犯，拥有相应的国际话语权以及与之匹配的国际竞争力，不至于在国际市场中频繁遭遇被制裁、逐渐被边缘化，最终陷入发展滞后的困境。从这个角度讲，宏观层次的经济安全应该至少包括一国财政金融安全、战略资源安全、对外贸易安全三个方面。

在中观层面，毫无疑问的是，一个国家经济发展的中观基础就是产业发展。本书中的产业安全集中阐述的是实体产业的稳定、健康、可持续发展：在当今高速推进的全球化背景之下，对于一个主权国家而言，其实体产业安全程度不但关系到本国经济的整体安全度，还会在一定程度上演变成政治、军事等领域的安全问题。尤其是对于一个以制造业为主的发展中国家而言，以我国为例，实体产业安全应当成为经济安全研究议题中的重中之重，其重要性不仅体现在夯实我国经济基础、促进经济转型等宏观层面，在解决城镇化、居民就业问题等微观层面也具有不可替代的角色、意义。然而，自我国改革开放以来，由于金融业、房地产业等发展迅速，加之先后爆发的亚洲金融危机、美国次贷危机等，虚拟金融经济安全问题在业界备受关注，并成为研究讨论的热点问题。相比来看，人们对实体经济的发展尤其是安全问题的重视程度则相对不足，目前已经有不少专家、实体企业家陆续发声，呼吁社会各界加强对实体产业发展及安全问题的关注与重视，只有当国家的产业结构合理、均衡，产业发展具有竞争力、防御力的时候，一国经济在国际市场中才具备有效地防范经济波动和寻求稳定及可持续发展的话语权和行动力。

在中观层面，产业安全中一个尤其重要的方面，即粮食安全问题。在当前国际关系错综复杂、全球公共事件频发的背景之下，一国在对待突发事件时如果稍有迟疑、不慎，就很有可能造成全局性危机与重创。如最初的一场全球公共突发事件，在很有可能引发全球农业不稳定预期的叠加的情况下，部分国家会相应地采取恐慌性限制粮食和其他重要农产品出口措施，最终激化农产品进口国粮食安全问题，威胁该国产业安全和贸易安全，产业安全问题又进一步演变为就业安全问题等。如此一来，一连串的重大社会经济问题相继发生，后果不堪设想。因此，在当前全球多种不利因素叠加的背景之下，各国均需要以底线思维来审慎研判粮食安全问题，把保障粮食安全放在国家经济安全体系中的突出、首要位置。

在微观层面，作为一国宏观经济运行的微观基础，企业尤其是民族企业及其安全问题，也应该引起学术界的关注与重视。企业是社会经济运转的基础组织，在维持社会经济的稳定发展中扮演着不可或缺的角色。在企业运营过程中，一些突发性国际、国内事件均能在一定程度上影响甚至威胁到国内企业的发展与生存，而当受影响的企业数量、规模持续扩大，并经由上、下游产业链传导时，便很有可能影响一些民族企业及相关产业市场的稳定及发展，进而对国家经济安全产生冲击与破坏。面对这种情况，企业自身应该如何应对，国家和地方政府政策应该如何扶持、救济，进而使突发性事件对企业的不利影响降至最低程度，保护企业的经济利益，维护企业和国家经济安全，都有待学术界认真分析和严肃作答。尤其是在我国加入WTO之后，为了与国际接轨，我国国有企业纷纷开始重组、改制，在如此情形之下，我国企业资本安全面临前所未有的风险与考验。同时，在全球经济一体化的步伐中，国外资本也趁机大刀阔斧地对我国企业展开兼并、收购，从而造成技术流失和自主品牌的消逝，可以说这已然构成国内企业生存和发展的巨大威胁与挑战。因此，我们必须在强调国家宏观、中观层面的经济安全的同时，对微观层面的企业安全问题也要加以防范与重视。

第三节 我国经济发展总体形势（截至2020年）

一、国际总体发展态势

在国际方面，我国面临"百年未有之大变局"。该变局可用"变""乱"二字予以概括，"变"即由政治、经济、科技进步所引致的全球结构性发展趋势的"变局"，"乱"即在现实世界中经济社会发展的不确定性、不稳定性不断攀升而引发的"乱局"，其具体包括以下三方面的内容。

首先，国家权力转移引致国际体系在新时期的实力分布发生了重大改变。发展中国家与新兴市场国家的先后崛起改变了近代以来西方居于主导、东方居于从属的国际关系体系，世界更加趋于多元化和平衡化。从全球范围看，发达国家与后发国家之间的社会经济差距不断缩小。新兴经济体和发展中国家经济总量的全球占比接近40%，且对世界经济增长的贡献率高达80%。除此以外，随着经济实力与国际竞争力的不断增强，新兴市场国家和发展中国家之间通过抱团合作与加强协调，不断推升自身整体的国际影响力。这也是近年来国际力量对比中最具历史性、结构性的变化与调整。

其次，世界贸易格局以及全球治理结构由于经济逆全球化产生重大调整。随着贸易冲突的不断升级，世界贸易呈现出显著萎缩的趋势。同时，随着发展中国家与新兴市场国家的集体崛起，传统西方大国的经济统治力与影响力呈现下降态势，国家之间的财富分配格局发生重大调整，进而引发国际尤其是经济大国严重的社会焦虑，争夺蛋糕的局面在所难免。而在争抢市场蛋糕的过程中，各国采取的手段多表现为供给侧调整，如德国工业4.0，美国制造2020，巴西、印度、日本等都有各自的工业发展计划。而同期尤其需要关注的是业已逐渐复辟的美国孤立主义思潮。尽管美国在近些年来不断减少其在国际领域中的干预力度，这在一定程度上为世界秩序的多元化发展创造可能，但也可能导致国际金融市场动荡、地区冲突升级，甚至恐怖主义蔓延等问题，致使世界风险再次升级。①

最后，全球"民粹主义"抬头，伴随极大的影响力与传染性，其使一国国内、国际秩序面临巨大挑战及不确定性。"美国优先"、英国"脱欧"以及法国"黄马甲"运动等都是近期各国"民粹主义"的体现，其都在不同程度上影响着本国社会经济的发展走势。最明显的就是法国的"黄马甲"运动，迫于事件的不断升级和扩大，马克龙政府一再妥协，不仅宣布提高最低工资水平，也承诺减免相关税收，由此民粹运动对于法国社会业已产生深刻影响。在全球一体化不断深入的背景之下，伴随着网络技术的应用与发展，民粹主义俨然已经形成一种国际气候，这不仅不利于一国国内安全及稳定，也会导致现有"自由国际秩序"陷入一个"逆周期"过程——"再全球化、再意识形态化、再国家化"趋势在所难免。

伴随2020年的新冠病毒感染疫情的全面暴发，全球经济面临更为严峻的挑战甚至停滞的风险。根据摩根士丹利的预测，由于受此次疫情影响，2020年全球经济增长率跌落至0.9%，这是自2007—2009年全球金融危机以来的最低水平，同时其预测美国2020年名义GDP损失或将为3600亿美元。美联储在疫情稍后阶段曾先后出台包括零利率政策、QE计划等扩张政策，美财政部也陆续推出一系列包括直接向美国居民派现的刺激计划，如果美国经济不可避免地出现衰退，其所带来的美国国内冲击及全球冲击必然还会更大、更久、更广。

---

① 刘伟，苏剑. 中国经济安全展望报告2020：供求双萎缩下的经济形势与政策[M]. 北京：中国经济出版社，2020：60.

二、国内宏观经济基本面

在国内方面，首先，在实体经济中，我国 2019 年经济整体运行稳健，据统计，人均 GDP 70892 元，较 2018 年增长 5.7%，发展能力进一步提升。但是年度内经济下行趋势较为明显，2019 年四个季度的 GDP 增速依次是 6.4%、6.2%、6.0% 和 6.0%。在产业结构方面，2019 年产业结构得到进一步优化，三个产业增加值 GDP 占比分别为 7.1%、39.0% 和 53.9%，其中，第一产业比重较上年提高 0.1%，第三产业比重提高 0.6%，第二产业比重下降 0.7%。从对经济增长的贡献来看，第三产业对经济增长的贡献率不断提高，其对 2019 年经济增长的贡献率超出第二产业的 22.6%，可见，2019 年产业结构得到了稳步推进。[①]

从供需结构和供给端总体来看，企业利润有所下降，未来企业发展动力出现弱化趋势。2019 年，我国规模以上工业企业工业增加值较 2018 年同期回落 0.5%。导致利润收缩的主要原因在于同年制造业整体低迷：2019 年，中国制造业采购经理指数（PMI）值整体呈下滑趋势，甚至一年内多期 PMI 值处于荣枯分水线以下，而作为工业部门三大门类中的主导部门，制造业增加值同比增速一旦回落，便会直接影响工业部门整体生产情绪与结果，也不利于企业生产活动开展再投资的预期，进而导致企业利润整体收缩。2019 年，我国需求水平整体持续走弱。其中，投资增速继续低位运行，而消费增速延续小幅下降趋势。在进出口方面，2019 年国内不断提升的经济下行压力，导致了我国同期进口需求同比增速的较大下滑以及出口增速的有限下降，使 2019 年我国贸易顺差反而较 2018 年扩大 25.4%，因此须理性、客观对待贸易顺差及其变动趋势。在出口方面，出口增速下滑并且幅度有限的原因主要表现为：一方面，由于世界经济增长持续走低，全球需求整体低位爬行，同时前期中美贸易摩擦对出口的抑制

---

① 刘伟，苏剑. 中国经济安全展望报告 2020：供求双萎缩下的经济形势与政策 [M]. 北京：中国经济出版社，2020：3.

作用已初步显现；另一方面，由于2018年的出口保持中高速增长，因而考虑到其具有高基数效应及惯性，2019年的出口增速自然不会骤然下降。而在进口方面，进口增速下降幅度显著的原因主要体现为：首先，中美贸易摩擦持续升级，中美贸易谈判虽然在部分领域取得进展，但关税效应已经显现；其次，最主要的还是国内有效需求不足，国内经济下行压力过大，投资消费增速均受到显著抑制。而在贸易伙伴结构方面，2019年，我国主要贸易伙伴位次发生变化，东盟一跃而上成为我国第二大贸易伙伴。第一大贸易伙伴依旧是欧盟，然后依次是东盟、美国和日本。此外，中国对"一带一路"沿线国家进出口额增速强劲，高出整体进出口增速7.4%。

在货币金融方面，首先，2019年我国全年人民币贷款增幅较为强劲，其中各部门中长期贷款增量均显著超过相应短期短款增量幅度，进而扩大整体信贷规模。2019年企业贷款增幅稳健，上半年企业贷款增幅主要由短期贷款和票据融资支撑，下半年企业贷款增幅就主要依靠同期国家宏观政策引导金融支持实体经济支撑。2019年我国居民贷款同比增幅微弱，主要是因为近两年国家在逐步收紧消费贷的门槛及规模，同时居民住房贷款意愿呈现年度收紧态势。其次，在社会融资方面，2019年社会融资规模增量较2018年有所提升。由于宏观加强金融支持实体经济政策导向，年度内社会融资规模主要依靠对实体经济发放的人民币贷款予以冲量。另外，值得关注的是，2019年度非标融资大幅回升，且未贴现银行承兑汇票、信托贷款、微弱贷款，甚至是直接融资等都不同程度地出现回升。因此，总体而论，实体信贷以及非标融资是同年社会融资增速的主要原因，而直接融资拉高作用稍逊，企业债券融资有限。再次，M2同比增速趋稳，货币供应量结束"逐季下降"态势。自2016年以来，由于"金融去杠杆"影响，M2增速持续走低，但自2019年以来，伴随着逆周期调节政策的实施，尤其是央行的降准以及一系列鼓励实体融资利率下调的举措不断推出，我国M2增速逐渐趋于平稳，货币供应量和市场流动性供给也逐渐合理适度，这对宏观上稳杠杆，打好防范化解重大风险攻坚战有极大意义。最后，在人民币汇率方面，由于中美贸易摩擦预期反复的影响，我国人民币汇率整体波动加剧并呈现出较为明显的周期性特点。

  2020年，中国经济增长继续延续走低势态，同时在新冠病毒感染疫情的全面暴发以及不利冲击之下，中国经济社会发展面临更大的波动及风险。从国内环境来看，我国正处于由高速增长向高质量发展的转型阶段，产业结构、就业结构等正面临深刻调整。而在国际环境中，正如前文所述，世界范围内逆全球化抬头，多边贸易格局变革，各国贸易摩擦加剧，如此内外因素相互叠加，使我国经济发展的内外部环境越发复杂严峻。2020年最大的外部冲击事件当数新冠病毒感染疫情的全面暴发，尽管其对于我国整体经济体量不会构成主导性、结构性、常态化的威胁及冲击，但是从其突发性、扩散性、变异性及持久性来看，尤其是为控制疫情，从疫情暴发初期的武汉全城隔离，到之后31个省（区、市）陆续启动重大突发公共卫生事件一级响应，再到后疫情时期全国范围的多次局部性暴发及相应管控，其所产生的经济成本以及造成的社会经济影响也必然是全国性、持续性和差异化的。尤其是在当前我国复杂的产业结构、需求结构之下，此次疫情对国内不同行业产生的影响也是具有差异性的。尤其需要关注的是，疫情暂时影响了承担消化就业压力重任的服务业产业发展，其直接影响城镇农村低收入群体的收入增加和民生改善。毫无疑问，中国凭借制度优势以及群防群控的抗疫决心使得疫情在短期内得到有效控制，其给经济带来的冲击及损失也得到了及时化解与控制。但是在后疫情时期，疫情给社会各群体所带来的心理冲击和悲观预期在短时间内难以消除，故疫情对经济的滞后影响很有可能会伴随时间的推移而逐渐显露出来。因此，在后疫情时期，应对疫情管控、恢复经济、稳定增长的政策规划也应结合此次疫情特征，实施长期、全局性但不失针对性的布局与推进，以提高政策的靶向性及精准性。

第二章
国家经济安全的制度分析

第一节 国家经济安全保障制度

一、制度及国家经济安全保障制度

根据《现代汉语词典》的解释,"制度"泛指要求大家共同遵守的办事规程或行动准则。本书认为,制度是共同体对社会经济活动中可能出现的任意行为和机会主义行为的共识性约束,以维护社会秩序,促进劳动分工和财富创造。

具体到维护国家经济安全的制度范畴,其应具备以下几个特性。第一,制度是一种公共规则,表现为一定范围内的人群共同遵守的东西。这种范围可大可小,大到一个国家,如宪法及相关基本法以确保国家宏观经济稳定、可持续运行;小到企业内部,如企业内部为确保本企业技术、品牌安全的相关企业章程、纪律,对公司内部及相关人员都具有约束力的行为准则。基于"国家经济安全"的制度保障目的,本书的制度构建将具体到中观层面的行业制度及相关规范。第二,制度是一种长期有效的规则,其不同于解决一时问题的具体方案,它是一套可反复用于化解、解决同类冲突、矛盾的规则,故其具有一定的长期性和稳定性特征。第三,制度是一种实现合作的规则，因此中心词为"共识"。共识是合作的基础，如果社会中各行为主体没有达成某种共识，合作也就无从谈起。制度就是基于一种"共识"，进而为"共识合作"创造条件。维护国家经济安全的制度共识就是一国之内、举国上下、各行为主体基于一个共同目标——本国社会经济能够长治久安——一种稳定、有序和可持续发展的状态，唯有如此，个体经济安全利益才能在复杂多变的国内外环境中得以保障和发展。维护国家经济安全的制度体系就是基于这种共识，人们经过多次博弈于实践合作中达成的一系列机制、规则的总和。第四，制度是一种提供确定性的规则。制度的一个作用是通过建立一个人们相互作用的固有结构来减少人们相互交往时的不确定性。国家经济安全制度就为一国经济框架下的行为主体提供参考依据，在对个体经济活动及相互关系（国内外）进行约束的同时，也在很大程度上通过制度屏障降低国家经济运行的风险和不确定性。

本书将围绕保障我国国家经济安全的目标，在决策分散化和制度选择信息不完备的情形下，在现有制度框架内，结合我国当前国家经济安全状态及问题来论证国家经济安全的制度保障，构建维护我国国家经济安全的制度体系。

二、国家经济安全保障制度分类

在现实社会中，制度提供的一系列规则包括三类：社会认可的非正式制度、国家规定的正式制度和实施机制。这三部分构成制度的基本要素。非正式制度是人们在长期的交往实践过程中无意识形成的，是人们对其他人的行为方式的稳定预期。这种预期并不是基于成文的正式制度，而是来源于社会的共同知识，具有显著的稳定性与持久的生命力。通俗地讲，非正式制度包括社会习俗、习惯行为、道德规范、思想信仰和意识形态等。正式制度是指人们有意识地创造的一系列政策法则，包括政治规则、经济规则和契约，以及由这一系列的规则构成的一种等级结构，从宪法到成文法和不成文法，再到特殊的细则，最后到个别契约，它们共同约束着人们的行为。典型的是国家宪法，它是一个国家最根本的正式制度，国家的所有其他法律都必须与其宪法精神相符合。以上是制度的分类，如果按照制度的构成要素来看，在一个完整的制度体系内，除了非正式制度和正式制度，还应包括一个重要的构成要素，即实施机制。正式制度和非正式制度规定了人们应当干什么、不应当干什么，向制度行为个体提供了明确的行为标准。但是这个标准与规范能否被人们有效执行与遵守，则要看该制度体系内是否有强而有效的执行机制。因此，人们判断一个国家在某一方面的制度建设是否成熟，要看相关法律规范是否健全，更要看已有的法律规范是否得到有力执行。因此，维护国家经济安全的制度体系应该由以下四方面构成。

第一，在正式制度方面，正式制度体系的搭建首先要从顶层设计入手。国家经济安全作为国家安全体系中的重要部分，在顶层设计方面也需要与我国国家安全制度体系保持一致。截至2020年，我国国家安全体制框架已基本搭建，具体包括2014年1月24日正式设立的国家安全委员会、2015年1月23日发布的《国家安全战略纲要》以及2015年7月1日通过的新《国家安全法》。因此，我国国家经济安全制度体系也要以此为基础，通过结合我国当前经济安全态势，在相关历史经验的总结与反思之上，遵循增量改革的发展路径，以现有法律制度体系为出发点予以构建，以确保我国经济发展和经济利益维持不受内、外部的冲击、威胁而保持稳定、有序和持续发展的状态。基于此，在具体正式制度设计方面，维护我国国家经济安全须考量：一是在法律层面，在我国现有相关领域的法律法规存量之上，可借鉴并参考美国、日本、俄罗斯等国相关经验，进一步构建、完善我国国家经济安全的法律法规体系；二是在政策层面，应尽快构建适用于我国国家经济安全的政策体系，政策之于法律、法规，其具有更大的灵活性及可调整性，是一国或政党为实现一定时期或者一个阶段的路线，或针对某一个重大阶段问题而制定的行动准则，因此构建一个成熟、适用的政策保障体系对于我国维持宏观经济平稳健康运行有重大意义。政策体系的构建与完善应进一步涉及政策决策以及执行两大问题。因此，在我国国家经济安全政策体系的构建过程中，可参考国外政府的成熟做法，结合我国具体国情，建立起科学、民主的国家经济安全政策决策机制。

第二，在非正式制度方面，由于非正式制度是人们在长期的交往实践过程中无意识形成的一整套行为准则，其变迁过程极其缓慢，故较之正式制度而言，非正式制度的可塑性与可调整性非常低。这就意味着在有限的时间内，我们很难有意、人为地构建出一套保障当前国家经济安全的非正式制度。但是，基于非正式制度与正式制度的关系①，我们可以在对我国当前经济社会中的非正式制度进行合理、客观的研判基础之上，为促进国家经济安全的正式制度的设计与构建提供客观依据和有力支撑。例如，金融安全作为国家经济安全工作中的重中之重，金融危机表面上属于经济问题，但究其本质最终均离不开价值观念、道德伦理等非正式制度要素的强调和讨论。通过对先前几次危机中的种种金融腐败案件一一梳理不难发现，危机产生的真正原因当属伦理危机下的人们的自私和贪婪。可以说，作为资本主义伦理文化的核心内容——自私自利、贪欲放纵是导致金融腐败、诱发金融危机的根本原因。因此，在应对全球金融危机、构建我国金融安全制度体系时，基于底线思维，我们需进一步加强对我国伦理文化的保护与呼吁，并在此基础上推进金融制度创新，而对于西方资本主义伦理文化所倡导的自由主义、纵欲主义，则要慎之又慎。

第三，在实施机制方面，为完善国家安全体制和国家安全战略，我国于 2014 年 1 月 24 日正式设立国家安全委员会，这不仅是对我国国家安全现实问题的合理应对，也是从设计、执行层面为进一步有序、科学地推进

---

① 正式制度与非正式制度的关系：首先，非正式制度的核心，如意识形态，可以构成某种正式制度的先验模式；其次，从变革的速度看，正式制度可以在一夜之间发生变迁，但是非正式制度的变迁是一个漫长的过程；最后，正式制度和非正式制度有可能一致，也可能不一致。当二者一致时，正式制度常常能够被自动遵守，正式制度的实施成本会低很多；如果正式制度和非正式制度相冲突，则正式制度的实施成本会比较高，或者出现正式制度不被采用或通过各种方式方法被规避的现象，即"有法不依"现象，此时实施机制的重要性就被显著提高。因此，在进行制度设定或者制度安排时，尤其要注意正式制度与非正式制度相容的原理，以便达到预期效果。

我国其他具体领域安全工作的开展奠定了合理、切实的制度基础。因此，我国国家经济安全执行机构应该以国家安全委员会为中心，通过政府发挥主导作用，形成一整套科学有效的国家经济安全管理机制。将政府视为国家经济安全的主导角色，主要是基于以下考虑：一方面，国家经济安全是政府追求的目标之一，持续稳定的经济发展离不开一个平稳有序、风险可控的环境与平台，从某种意义上讲，国家经济安全问题不仅仅是一个经济问题，更是一个严肃的政治及社会问题；另一方面，政府也有能力扮演好保障国家经济安全的角色。实践表明，没有任何一个国家是完全依靠市场力量来对宏观经济进行调控以及监管的，手段的单一性甚至可能会使经济运行风险激增而使安全问题恶化。由于我国政府拥有强大的动员能力、组织能力以及信息优势，同时国有经济在我国社会主义市场经济体制中具有重要作用和地位，所以作为国有资产的全民所有代表者——政府，必须承担起保障国家经济安全的重任与职责。政府在国家经济安全中的具体工作可依照事前、事中、事后顺序逻辑，划分为风险分配、监督审查、监测预警、应急反应、科技支持、社会动员、危机善后等几方面内容。总之，政府应该是国家经济安全的终极监管主体，应对国家经济安全负责。

第四，在动态调整机制方面，当今世界是一个竞争、动态的世界，我们所处的时代是一个发展的时代，一国的国家经济安全状态也是随之变动的。基于国家经济安全的动态性，一国经济安全工作以及相应的制度构建也不是一劳永逸的，而是需要辅以相应的动态调整机制，做好长期、动态的制度准备。基于此，国家经济安全的动态调整机制应该依次包括维护国家经济安全的研究机制、法律体系修订机制、常态化发布机制等内容。首先，在研究机制层面，相关部门应适时启动国家经济安全理论体系构建，加强相关专业性、研究性人才的培养，充分发挥我国现有智库的作用，并通过鼓励相关研究人员在条件允许的情况下积极参与相关安全工作的决策及布局，以提高国家经济安全决策体系的科学性与民主性。其次，对宏观经济进行长期监测、评估时，需要结合研究团队的科学研判，动态调整机制还应包括及时、科学地对相关法律法规予以必要的调整、补充，只有不断地完善及修订相关法律法规，才能及时堵住法律漏洞，从动态上实现对国家经济安全的制度支持。最后，一个完整的动态调整机制还应包括定期向社会、公众发布相关报告及信息，以此提高公众参与度及政府决策透明度，从系统上防范风险发生，凭举国之力保护国家的经济安全，消除威胁。

三、国家经济安全的制度保障功能

国家经济安全的制度保障功能，也可以理解为国家经济安全的制度保障目标，具体可以界定为两个方面：一个是安全保障功能，另一个是效率保障功能。这两个功能或目标相互促进、相互补充，但是在某些情况下可能存在冲突与矛盾。在现实运用和实践中，如何处理、平衡二者之间的关系，是值得思考的一个问题。

（一）国家经济安全制度的安全功能

一国要想获得经济安全状态，就需要创设相应的、特定的制度条件与政策支撑。其中，充实和强化本国经济主权是重中之重，因为在经济全球化的大背景之下，国家经济主权是在国内外从事各种经济活动的权力之源，其必然也是创造和提供各类维护经济安全制度条件的最坚实后盾。重视制度、法律工具的运用，则能更充分、高效地发挥经济主权应有的安全保障功能，以确保一国经济平稳、有序、可持续发展。国家经济安全制度的安全功能主要包括三个方面：首先，事前通过科学研判、风险分配、监督审查等机制，预防一切危及经济安全的潜在风险；其次，在社会经济正常运行过程中，通过监测预警、应急反应、科技支持等机制进行事中监管；最后，在危机发生后，通过社会动员、危机善后等机制对经济安全施以救济，从而从全方位、多层次的角度维护社会经济关系和经济秩序，达到保障经济安全的目的，实现制度的安全功能。

（二）国家经济安全制度的效率功能

我们在强调国家经济安全的同时，要注意避免陷入"唯安全论"的境地。国家经济安全不能无限扩大、泛化，如果将社会中与经济相关的所有潜在、可能的风险都涵盖在内，则极有可能夸大经济安全的概念，以经济安全为由，对内处处缩手缩脚甚至故步自封，对外开展政府限制和制裁行动，阻碍正常的经济发展和贸易往来，成为恶化贸易投资环境、逆全球化的借口，无限制地通过牺牲"效率"来换取"安全"，这样的"安全"也不会长久。很难想象，一个没有任何竞争力的国家，在国际层面上缺乏相应的参与度、话语权以及国际认可度，如何在当今复杂多变的经济背景之下争得一席"安全之地"？以产业安全为例，一国对某一核心产业施以保护，这无疑是保障产业安全的一种快捷、有效的手段，但是该手段虽然能使本国产业处于一种相对安全的发展境地，暂时免受外来竞争的压力，但从长远来看，一旦该产业保护下的贸易壁垒过高并持续存在，在某种程度上即可造成本国经济与世界经济的脱节，最终导致受保护产业与国外同行业对手的差距越来越大。一旦失去国内政策的庇护，该产业自身可能抵挡不住国外强劲对手的竞争而走向衰亡，产业安全也沦为无稽之谈，整个国民经济自然会受制于人。因此，国家经济安全制度在强调"安全"的同时，不能忽视"效率"目标，更不能顾此失彼，需要在二者之间做好兼顾与平衡。

在当前全球化、市场化的大背景之下，如果任由安全与效率发展，后者很可能会成为矛盾的主导方，毕竟市场对发展与效率的追求有其内在逐利性和驱动力。基于此，本研究认为，国家经济安全制度应该始终以安全为先，同时兼顾效率。一方面，有安全才能发展，这是底线。试想在一个危机肆虐、个人财产权利都不能得以维系的环境中，何谈发展与增长，整个经济甚至有可能陷入僵滞、衰退。另一方面，在发展中维护国家经济安全，这是根本。各国经济发展史均表明，要有效保障国家经济安全，归根结底还是要凭借增强综合国力，尤其是国际竞争力，来提升本国经济安全指数。随着经济全球化的进一步推进，国家间的竞争日趋激烈，一些被边缘化的国家甚至面临着严重的生存危机，经济社会的贫弱已成为制约其国家经济安全的重要因素，因此，提升自身的经济实力，尤其是国际竞争能力，已成为发展中国家的首要任务。

第二节 国家经济安全的新制度经济学解读分析

一、交易成本视域下的国家经济安全

作为新制度经济学、法经济学的学科核心范畴,交易费用理论与产权理论共同构成制度研究的经典理论基础与分析视角。顾名思义,交易费用源于交易。旧制度主义代表约翰·罗杰斯·康芒斯(John Rogers Commons,1862—1945)曾经提出,传统经济学强调人与物的关系;"制度经济学"关注人与人之间的社会关系,而人类社会关系应该包括三层内容:依存、冲突和秩序,因此,制度经济学开展分析的初始研究单位至少必须包括这三种成分,而交易就是这样的初始单位。① 基于此,康芒斯将交易和制度运作及制度分析联系在一起,并认为,现实社会经济活动中的交易无外乎三种类型:买卖的交易、管理的交易和限额的交易。后来,新制度经济学奠基人罗纳德·哈里·科斯(Ronald H. Coase,1910—2013)在康芒斯所提出的"交易"概念的基础上,进一步指出交易活动是稀缺的,因此交易的发生是需要付出成本的,由此先后在《企业的性质》(1937)以及《社会成本问题》(1960)中提出"交易成本"这一概念,并运用这一概念对经济组织进行深入分析。一般而言,交易费用是个人交换他们的经济资产所有权和确立他们的排他性权利的费用。② 但是,到目前为止,新制度经济学关于交易费用的定义说法不一。根据考察角度的不同,交易费用的界定可以划分为四类:从契约过程的说明、从交易维度的考察、设定

---

① 因为康芒斯认为,"在每一件交易里,总有一种交易的冲突……每个参加者总想尽可能地取多少,然而每个人只有依赖别人……才能生存或成功。因此他们必须建成一种实际可行的协议。由于这种协议不是完全可能自愿地做到,就总得有某种形式的集体强制来判决纠纷"。

② 罗必良. 新制度经济学 [M]. 太原:山西经济出版社,2005:387.

参照系和从生产过程的说明。鉴于本书集中考察的是国家经济安全及其制度构建问题，无论是从国际关系的宏观视角，还是从市场、企业的中、微观视角去解读经济活动主体或者交易主体之间的互动及其中潜在的矛盾、风险问题，其更侧重于从契约过程、交易维度的角度去考察交易成本及其变动问题。因此接下来，我们集中来理解交易成本的概念：从契约过程说明交易成本。奥利弗·威廉姆森（Oliver Williamson，1932—2020）认为（1985），可以按照契约签订过程的先后来划分交易成本的内容。比如，在签订契约之前的交易成本主要包括合同草拟、合同签订以及确保合同得以顺利签订所付出的费用。而在签订契约之后，一定存在为确保合同得以执行而产生的监督、保证成本；一旦出现了与事先契约有出入的情况，如交易一方出现了事后不合作的现象，就会相应产生讨价还价成本；由于不合作所造成的交易双方互不适应的不适应成本以及为了解决合同纠纷而建立治理结构（往往不是法庭）并保持其运转的建立及运转成本。威廉姆森在康芒斯关于"交易"的三个维度——交易发生的频率、交易的不确定性程度和种类以及资产专用性——的基础上，进一步分析交易的三个维度对事后机会主义行为、规制结构选择以及成本补偿等方面的影响，间接讨论了交易维度与交易费用数量的关系。例如，他认为，资产专用性的存在，使得事后机会主义行为具有潜在可能性，资产专用性程度越高，事后被"要挟"的可能性越大，通过市场完成交易耗费的资源比在企业内部完成交易耗费的资源要多，其相应的交易成本就越高；较高的不确定性环境意味着决策必须是应变性的，且对交易双方的监督要求较高，因而相应的交易成本就较高；规制结构的确立，比如通过企业、市场或纵向一体化，以及这些结构或组织的运行都是有成本的，这种成本的补偿取决于交易发生的频率，经常发生的交易比一次性发生的交易更易于补偿这种成本。[1] 从交易成本的视域来解读国家经济安全及其制度问题，可依次从内外两个角度予

---

[1] 罗必良. 新制度经济学 [M]. 太原：山西经济出版社，2005：390—391.

以展开。

在国际市场层面上,基于经济全球化的不断推进与深化,一个国家若想最大限度地促进本国国民福祉的增长,就必须与其他国家开展经济、社会等各方面的互通交流,因此,在国家与国家之间开展权力让渡的过程中,国家间的交易便随之发生。如此一来,我们可以从交易成本的视角来进一步解析国家间关系以及相应的国家经济安全问题。现实世界中普遍存在的事实是,在微观的个人或企业层面存在由有限理性、信息不对称以及资产专用性等问题所导致的机会主义行为;在宏观层面,国家与国家之间同样会由以上问题导致各国在追求自身利益的过程中,既有可能采取正当手段,也有可能采取不正当的、机会主义行为来实现本国利益的增加。因此,国家机会主义行为的倾向导致了国家之间的关系中"交易成本"的客观存在。为了降低此类交易成本,在经济互通过程中,处于劣势的国家或经济体(往往指国家机会主义行为的受害者)可依靠某种专门制度的力量来约束对方开展机会主义行为的倾向。这种专门的制度就是"国家经济安全"制度,其在一国的对外社会经济实践中的职能和作用是非常显著的。同时,在一国之内,交易成本的广泛存在及变动也可以用来解释一国国内经济隐患甚至是经济危机的产生及发展。在美国的"次贷危机"中,一方面,制度、技术创新所带来的市场中交易成本不断降低,而同时具有投机属性和有限理性的投资者在趋利动机之下,会因交易成本的降低而进一步提升其投资需求,进而导致市场需求规模不断扩大;另一方面,由于资产专用性以及经济发展路径惯性的存在,房地产等产业资产难以随着交易成本的波动而收缩规模,市场泡沫不断膨胀,而交易成本变化会导致生产规模发生相应膨胀或收缩,供需矛盾不断激化,危机就逐渐从潜在走向现实,国家经济安全面临的风险随之提升。因此,交易成本也可以用来解释国内经济不安全甚至是危机的产生原因,经济安全问题在很大程度上产生于交易成本的变化及其所引发的制度变迁。①

二、契约理论视角下的国家经济安全

如果说交易成本理论更多是从过程角度解释经济安全问题以及相关制度构建的必要性,那么新制度经济学的契约理论更倾向于对国家经济安全及相关问题的发生机制进行解释与说明。在新制度经济学中,基于"交易成本理论""产权理论"发展起来的"契约理论",现已被广泛地应用于解释现实社会经济问题的方方面面,詹姆斯·布坎南(James M. Buchanan,1977)曾经指出,"经济学越来越接近于一门'合同科学'而不是一门'选择科学'"。虽然源于法律,但是经济学视域中的"契约"一词与其在法律层面的界定有一定出入。可以说,"契约"的经济学界定所包含的内容更为广泛,它不仅包括一系列正式的、具有法律效力的契约,也包括一些非正式契约,例如心理契约、关系契约等。现代经济学中的契约概念,实际上是将所有的市场交易(无论是长期的还是短期的,显性的还是隐性的)都看作一种契约关系,并将此作为经济分析的基本要素。② 可见,经济学上的"契约"界定是非常丰富的,而在国家经济安全的研究视域中,我们可以从以下几个方面予以把握。首先,契约可以被理解为一种社会秩序。这种社会秩序不是出于自然,而是建立在某种约定之上,这个层次上的契约多指正式的社会契约,包括国际条约以及国家建制、制度、宪法等内容,因此,在基于国家与国家之间的权利让渡的国家"交易"的背后,为了规避国家机会主义行为、降低外源性经济风险发生的概率,国家间的经济安全问题可以通过一系列"国际合作机制""国际条约"等形式的社会契约的签订予以解决。霍布斯认为,人在自然状态下是彼此有敌意的,

---

① 贾晶. 从制度经济学角度解读世界经济危机与中国崛起[J]. 商业经济,2010(3):3—4.
② 卢现祥,朱巧玲. 新制度经济学[M]. 北京:北京大学出版社,2012:151.

通过社会契约使得个体向集体转让其全部自然权利才进入社会状态。① 其次，组织形式及其性质在一定程度上可以理解为契约或者一系列契约的联结。麦克尼尔把企业组织视为关系契约的典型。他认为，公司不仅是契约主体，这种组织本身也是契约关系体。因此，国家经济安全体系下的各个主体——中央、地方政府，相关部门，银行等各种金融中介，国有企业等——都可以在一定程度上被看作相关契约的联结，因此对于绝大多数内源性风险问题，我们都可以利用契约理论，尤其是不完全契约理论予以解释。最后，社会经济中的各种交易也具备"契约"属性。现实经济活动中的交易，为了规避交易主体的机会主义倾向而签订的合同就是这个层次上的契约，因此，新制度经济学认为，每一个交易的外在表现形式是其所对应的合同或者契约。由此可见，经济安全事件甚至是经济危机，在某种程度上可以理解为，与事件相关的交易偏离了契约签订之前的意向、发生中断甚至波及社会经济的其他方面，进而产生恶劣影响。因此，对经济安全事件、经济危机的产生，我们也可以从契约理论的角度予以解读。依据契约理论，契约可以分为完全契约和不完全契约。其中，完全契约是指缔约双方具有完全理性、所有信息均为已知，"完全"在这里就体现为缔约双方能够预见契约期内可能发生的所有事件，契约中的条款能够完全罗列契约期内所有可能发生的情况及其对应的契约当事人不同的权利与义务及风险承担的细节，还有契约期内所有可能出现的情形下契约被继续执行的方式以及所要得到的结果。也就是说，完全契约能完美地实现缔约双方围绕协议所要达到的初始目标。然而，基于现实经济生活中的有限理性、资产专用性、机会主义行为，契约中的缔约双方不可能完全预知未来发生的所有情形，也不可能将未来发生的所有情形全部罗列在契约中，所以"不完全契约"就此产生。"不完全契约"理论是现代契约理论的重要内容。由于不完全契约广泛存在，帕累托最优状态在现实经济生活中不可能实现，

---

① 卢现祥，朱巧玲. 新制度经济学 [M]. 北京：北京大学出版社，2012：152.

而且会产生一系列市场失灵的问题。经济不安全问题在多数情况下可以用契约的不完全性来解释。接下来，我们便以不完全契约理论，从维护金融安全的角度出发，来分析证券市场及其监管问题。

证券市场作为一种有形的证券交易场所，新制度经济学更倾向于将其定义为一种具有多重功能（如金融产品定价、投资风险分散及转移、资源配置）的机制，或者从本质上说，由于现实条件的约束，证券市场更体现为一种不完全契约的联结体，这种不完全性直接产生于证券投资收益的不确定性以及投资者的有限理性；尽管在证券契约中或者与之相关的债务契约中存在一定的刚性条款，例如通过明晰固定利息及到期还本付息的约定，或者出现违约情况时可以通过法律强制执行，进而在一定程度上保护投资者或者债权人的利益，但是第三方调解机构，如法院、法官、律师，存在有限理性及较高的执行成本等原因，初始契约仍然存在违约或者中断的可能。另外，尽管我们看到的事实是证券契约中往往涉及的只有交易的缔约双方，但实质上，在具有"虚拟产品"性质的证券契约中，也有诸如证券市场、证券监管方（诸如政府、法院）以默认条款的形式进行了背书，因而它是一个建立在多方信用及对此"信任"基础之上的多方契约。证券市场作为一种契约联结体，其内部的不完全性环环相扣、贯彻始终，并且从客观上讲，"信任"在其中的作用巨大。如果对背书者的信任完全消失，那么证券市场可能产生两种结果，要么证券投资交易者会选择交易成本更高的面对面的交易形式，要么干脆放弃交易造成契约中断，而其中任何一种一旦被绝大多数投资交易者采纳，那么由各种各样证券契约联结而成的证券市场以及通过证券市场与这些契约相关联的实体经济将会陷入瘫痪，一国金融体系将因此处于一种极度不安全的状态。因此，只有从维护国家金融安全的角度出发，提高证券市场的契约完备性，进而保护投资交易者并提高其对背书者"信用"的信赖，才能真正通过证券市场监管维护国家金融及经济安全。

三、制度及其变迁理论视域下的国家经济安全

新制度经济学较之美国制度主义最大的不同在于其沿用了新古典经济学的理论假设与研究框架（如理性人假设、边际分析方法以及供求理论等），将制度及其变迁作为一个重要变量引入对经济问题的分析与研究中。其源自这样一种命题，即经济人的理性选择（在具体的约束条件下）可依据现实客观条件，创造并调整诸如产权结构、法律、契约、组织等一系列制度，而制度进一步结合其他要素资源，一起影响经济行为、资源配置以及经济绩效。制度均衡是新制度经济学中制度变迁理论的一个重要概念。所谓制度均衡，是指人们出于对既定的制度安排和制度结构的一种满意或接受，而无意或无力改变现行制度的状态。制度均衡又可进一步分为制度供求均衡以及制度结构均衡。制度供求均衡意味一种帕累托最优的状态，即在现有制度安排下，各种要素资源结合使用产生的全部增量收益都能够被人们获取，不存在一种更优的、可以获取更多增量收益的制度安排。在这种状态下，制度服务的供给刚好满足其需求。当然，基于"制度产品"的特殊性，供求互动围绕的中心不再是"制度产品"的数量，而是"制度产品"的质量。从系统论的角度来讲，一个社会中的任何一项制度都处在一个完整的有机整体中，因此，制度结构均衡，则倾向于强调某一制度在体系内与其他制度相互协调、互为耦合的状态，即结构上实现了系统内均衡。因此，制度结构均衡意味着某一项制度与制度体系内的其他制度，或者某一个制度体系下所有制度安排形成一种有机协调、高度耦合的状态，进而能够实现制度绩效的最大化。依据制度配置的表达习惯，制度均衡意味着社会规则体系实现了制度耦合。但是在人类社会的历史实践过程中，制度均衡或者制度耦合往往仅是一种理想的、最佳的状态，现实中的制度状态更多地呈现出制度非均衡的常态。

制度变迁是对制度非均衡的一种反应，可以说，制度非均衡作为一种制度常态，其轨迹也是制度变迁的轨迹。更具体地讲，制度变迁的过程是包括制度僵滞、制度创新和制度均衡在内的循环运动过程。首先，当制度

最初处于非均衡状态时，这种非均衡会持续一段时间，即保持一种或长或短的相对静止状态。但制度主体在这种状态下不是获益而是受损，换言之，制度缺乏对经济有效的激励，此时制度的这种相对静止状态，我们也称为制度僵滞。此时的"相对静止"或者"均衡"，与制度的效率无关，只是没有人有能力或者有动机去主动打破这种僵滞局面（其中最大的原因就是，制度变革对于推动制度变迁而言成本过高，而收益又相当有限），如此一来，某些制度就可能在一种"坏"的状态中持续下去，这就是制度僵滞。在制度僵滞阶段，制度体系内存在大量的制度间冲突甚至制度漏洞，进而表现出制度体系的无序与低效，这就是制度配置中的制度冲突以及制度真空。这种状态未必会永久持续下去，一旦受到某种外界冲击，如要素相对价格发生变化、技术进步或者一些偶发事件骤发，制度创新过程就随之启动。一些小的利益集团出于自身利益考虑，会率先进行局部性的制度创新。当局部制度创新逐步展现其潜在红利时，便会衍生出基础性制度规则创建的要求。而这一要求一旦得到其他利益集团的认可，此基础性制度规则也就具有了合理的制度环境及社会地位，新制度便得以确立，制度均衡也就得以实现。制度创新是两种不同经济制度在转轨或替换过程中，制度僵滞状态合乎逻辑的发展过渡阶段。制度变迁过程中的制度均衡仅指"帕累托最优"状态，是各利益集团博弈的均衡结果。因此，在制度变迁的僵滞起点阶段，由于制度的低效率，当一种制度经历了制度僵滞、制度创新和制度均衡这一制度变迁过程后，随着时间的推移，要素相对价格会变化，原有制度的创新收入会降低，于是制度又由均衡状态向僵滞阶段过渡，如此往复，新一轮的制度变迁又开始了。依据引发变迁的主体的不同，制度变迁可以划分为诱致性变迁与强制性变迁：诱致性变迁是指制度创新是由一个（群）人，在对由制度不均衡引致的潜在收益产生响应时，自发倡导、由下至上地组织和推行的制度变迁，其最大特点为营利性与自发性；强制性变迁则是由政府命令和法律引入与推动所实现的一种制度创新过程。依据制度变迁的速度，制度变迁又可分为渐进式变迁与突进式变迁。需要说明的是，诱致性变迁不一定是渐进式变迁，而强制性变迁必然是突进式变迁。鉴于渐进与突进的方式划分是以变迁速度为依据的，而诱致与强制主要是针对变迁主体而言，政府进行强制性变迁时也可采用渐进模式；同样，诱致性的自下而上的变迁有时也以突进方式出现，比如中国历史上最终取得成功的农民起义。

因此，结合制度及其变迁理论，一国国家经济安全问题在本质上可以被看作一个制度问题。作为维系一国经济正常运行的秩序前提及保障，其制度一旦处于非均衡常态，不论是制度真空还是制度冲突，都将在该国经济运行中产生巨大摩擦以及风险。在这种情况下，一国经济主权难以通过有效制度工具对经济活动施以调整及控制，其经济活动的风险以及绩效可想而知，国家经济进而处于不安全状态之中。在经济全球化不断推进的背景之下，与一国相关的制度环境及平台就不再局限于国内，而是扩展到国际范围，该国将不可避免地面临国际经济制度的竞争与挑战，任何世界规则或外在国际制度都有可能与本国国内现有制度产生冲突。这种制度冲突可以以多种不同的外在形式加以呈现，既可以表现为国内外基础制度与具体制度的矛盾与冲突，也可以存在于具体制度之间，甚至是一国正式制度与非正式制度之间的不相容等。在此情势下，全球化参与国的经济发展将面临更为严峻的制度风险与考验，现有制度结构和安排将难以在短期内适应经济全球化以及参与国际经济交往的需要，进而无法为本国经济安全及经济利益提供有效屏障，使该国经济暴露在更大的风险与挑战之中。因此，参与全球化的后发国家必须立足长远，积极提升自身国际竞争力，唯有如此，才能增强自身在全球制度架构中的话语权和影响力，进而积极参与国际经济规则的创新过程，以使所制定的国际规则或经济制度体现本国需求，表达本国意志，有效维护并拓展自身经济安全与利益。综上可知，制度非均衡与国家经济安全之间存在某种直接关联。另外，制度非均衡与国家经济安全之间也存在某种间接关联，而这种间接关联主要表现在由制度非均衡所引致的制度变迁的方式上。换言之，制度变迁的方式不同，其对国家经济安全所产生的影响也会不同。这是因为，不同制度变迁的类型在制度创新过程中可以引致不同的制度供求互动机制，最终产生不同的变迁效果及经济绩效。例如，诱致性变迁由于是一种自发的、自下而上的制度创新过程，或者说，在其变迁过程中，制度供给总是以契合制度需求及其变化为目标而进行不断调整与平衡，因此，这种变迁类型可以在某种情形下达到制度供给与需求的平衡。现代西方企业制度中的所有权与经营权的两权分离制度，在其起源及变迁过程中就存在与之契合的需求基础和基本环境，继所有权在西方确立之后，远在意大利威尼斯开展海外贸易的商人就产生了两权分离的制度需求，所以现代企业管理制度中的"两权分离"的变迁过程，本质上是该制度不断自我完善、自我校正的过程。强制性变迁由于是一种外生力量介入的制度创新过程，在整个过程中如果缺乏合理、有效的引导和约束，制度变迁（供给）主体往往不能自发地与制度需求进行匹配与调和，因此，在这种情况下，很有可能产生的一种结果就是，此种类型的制度变迁会进一步加剧制度失衡的初始状态，造成国家经济安全条件的进一步恶化。原苏东国家推行的一系列强制性制度变革所引致的经济困境就是一个很好的佐证。针对这种由强制性制度变迁导致的制度失衡，如何高效地解决现有框架内的制度冲突，如何有效率地填补制度变迁中所产生的制度真空，都将是该国制度变迁主体必须格外关注并重视的问题。除了吸收和借鉴国外经济体的先进制度经验，制度变迁国还须走出一条适合本国国情，尤其是与本国经济环境和运行规律相适应的制度创新路径；与此同时，通过积极参与到国际经济新秩序的创新与组建的队伍中去，由传统、被动的制度输入改为主动、积极的制度融合与构建，进而有意识、有计划、有准备地维护本国制度安全与经济安全。

中篇

现状及应对

第三章
新时期我国财政安全现状及其制度建设

第一节　我国财政安全现状

在当今世界各国的经济发展以及安全构建中，一国财政实力、财政安全的提升及加强，无论对维护该国国家经济主权安全，还是对夯实国家经济体系的抗击打、反危机能力，都是至关重要的。尤其于我国当前而言，在社会主义市场经济条件下，相对于其他经济部门安全，财政安全是社会发展中各类风险的最终承担者，也是确保国家经济安全的最后一道安全堤坝。我国在面临新冠病毒感染疫情、粮食安全等一系列重大社会问题及任务时，财政安全的意义更是不言而喻。接下来，我们将围绕我国当前财政安全体系中较为突出的方面——财政收支风险、国债规模风险以及地方政府债务风险三方面予以分析。

一、财政收支风险

首先，财政收支风险可以分为收入风险和支出风险两方面。一般而言，财政收入风险主要是指一国税收收入汲取能力风险。换言之，其主要体现在两方面，一方面是财政收入直接汲取能力风险，该风险可以通过财政收入占GDP的比重来观察。如图3-1-1所示，自改革开放以来，我国财政收入占GDP的比重整体呈下降趋势，从1978年的30.8%一路下滑至1995年的历史最低点10.2%，之后该比重有所上升，至2015年达22.2%，之后再次下跌，至2019年年底跌至19.2%，恢复至2008年水平，可见我国宏观经济在步入新常态之后，财政收入占GDP的比重始终处于历史偏低水平，且下降趋势明显、持续。另一方面，一国财政风险还表现在税收收入的流失有所上升。税收收入流失不仅构成一种经济风险，更是一种政府风险，这主要是因为一旦税收收入在某一阶段严重流失，则表现为地下经济规模扩大，与此同时，公开经济中的纳税申报也有严重漏报的现象。如果一国税收收入长期不能与其经济发展实力同步提升，客观上讲，其会对政府财政预算平衡能力、宏观经济调控能力以及国债偿债能力产生不利影响，不利于一国财政安全体系的构建及维系。对于个人或者企业而言，常见的税收收入风险表现为逃税行为及其对应的地下经济。据统计，我国逃税现象和地下经济规模存在逐年递增的趋势，如图3-1-2所示，我国逃税现象从2004年的2739.22亿元增长到2016年的16645.64亿元，增长幅度达到5倍之多；逃税规模在地下经济中占比也由2004年的13.92%上升为2016年的17.28%。自2004年起，地下经济规模从19676.71亿元跃至为2016年的96303.51亿元，增长幅度超过3.8倍。[①]可见，从逃税规模及地下经济规模来看，我国财政收入风险在近年呈逐渐上升趋势。随着经济全球化以及市场开放的进一步推进，我国对外经济关系越发紧密，一系列形形色色的外事金融机构不断增多，但与之配套的监管体制内部存在严重的制度冲突，甚至是制度真空问题。例如，我国当前可以开展离岸金融业务的金融机构比比皆是，但与之配套的离岸金融监管

---

① 梅德祥，何鸿，李肖萌. 洗钱对我国逃税规模的影响研究[J]. 西南金融，2020（8）：33－42.

法律制度不完善，尤其是对外资银行的相关业务规定甚至存在制度真空，这在一定程度上加剧了我国税收收入流失的风险。

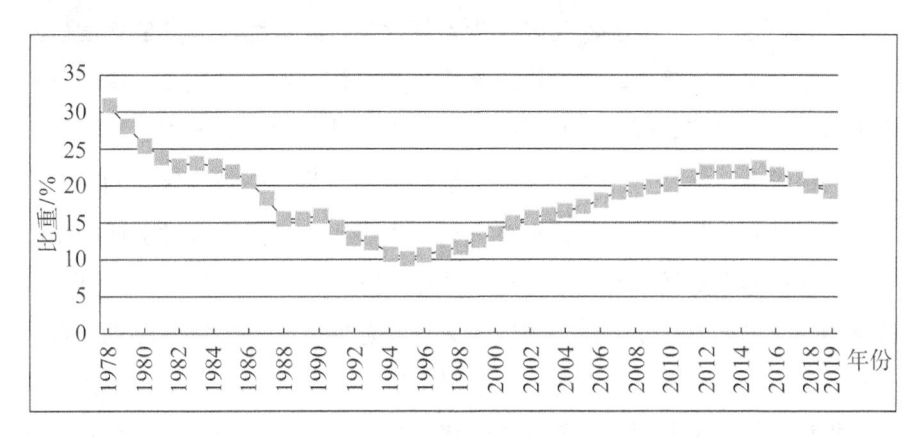

图 3-1-1　1978—2019 年我国国家财政收入占 GDP 的比重

资料来源：由历年《中国统计年鉴》《中国财政年鉴》相关资料整理而得。

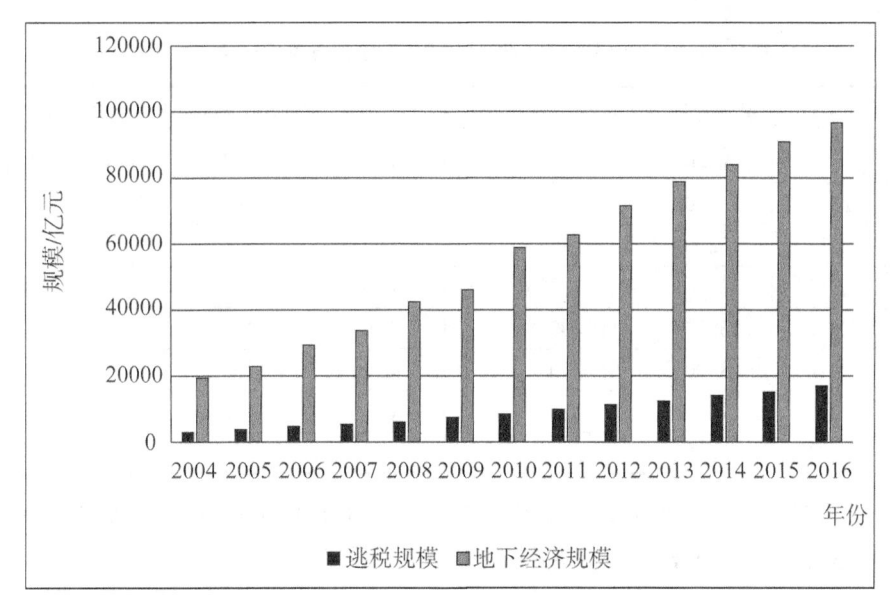

图 3-1-2　2004—2016 年我国逃税规模和地下经济规模的变化情况

资料来源：梅德祥，何鸿，李肖萌. 洗钱对我国逃税规模的影响研究［J］. 西南金融，2020（8）：33—42.

在财政支出方面,支出风险是指政府财政支出活动中存在不利于政府职能发挥的可能性。衡量财政支出风险的常见指标主要为赤字依存度和赤字率。如表3-1-1所示,我国自步入新常态以来,财政赤字依存度以及财政赤字率整体呈现波动式上扬的趋势。赤字依存度不断提高,说明政府支出需求不断扩张,同时政府财政收入相对短缺。赤字率不断走高,如果超过一定限度,便会形成通胀压力,继而对经济运行造成影响。同时,高赤字率必然导致高债务,并带来高额利息支出,这在很大程度上使得来年的财政状况难以好转或者趋于恶化。另外,数据显示,由于2020年新冠病毒感染疫情的暴发,我国赤字规模,无论是赤字率还是赤字依存度,都较上年同期有鱼跃式上升的态势。从数据整体上来看,2020年之前我国财政赤字规模尽管还不是很大,不会对经济发展造成严重影响,但是财政自身状况的恶化趋势依旧存在,其中潜伏着相当大的财政风险,需要加以关注。

表3-1-1　2014—2020年全国财政赤字依存度及赤字率[①]情况

年份	财政赤字 /亿元	一般公共预算支出 /亿元	GDP /亿元	财政赤字依存度 /%	财政赤字率 /%
2014	13500	151786	641281	8.9	2.1
2015	16200	175878	685993	9.2	2.4
2016	21800	187755	740061	11.6	2.9
2017	23800	203085	820754	11.7	2.9
2018	23800	220904	900310	10.8	2.6
2019	27600	238874	990865	11.6	2.8
2020	37600	247850	—	15.2	3.6

资料来源:由历年国家决算报告、中央和地方预算执行情况与中央和地方预算草案报告、《中国统计年鉴》等整理而得。

---

① 2020年数据出自当年中央和地方预算草案报告、政府工作报告。其中,2020年政府工作报告提出赤字率拟按3.6%以上安排。

二、国债规模风险

在国债发行方面，其风险主要表现在以下三方面：首先，政府举债本身就意味着政府未来的财政支出压力不断加重，国债虽缓解了当前财政缺口的燃眉之急，但是也为将来埋下了安全隐患。其次，一些举债的政府由于缺乏谨慎的项目论证而使政府投资失败，或者投资实际效率低，从而直接造成单纯的国债负担。一旦政府债务规模累积到一定程度就会发生债务危机，导致政府信誉受损。当政府难以通过提高征税或者有效压缩支出及时缓解压力时，最为快捷的方式便是加快货币发行、通过征收"通货膨胀税"加以应对，于是政府债务危机向货币金融领域传导就难以避免。最后，虽然政府债务筹资成本一般会随着政府信誉的提高而减少，但是随着政府债务的不断追加与积累，政府偿债能力便会下降，政府债务风险也会随之加大。政府债务风险及影响一旦在公众中得以扩散并识别，其未来举债成本将大幅提高，财政状况将进一步恶化，为财政危机的爆发埋下伏笔。

如图3-1-3所示，如果用国债负担率来衡量我国国债发行规模，我国2009年之后的国债负担率首先呈现出持续下降趋势，并在2013年达到最低水平14.8%，2013年之后又稳步提升，并在2018年升至16.6%。可见，与发达国家的国债负担率一般维持在45%左右相比，我国在2009—2018年间的债务规模方面整体上控制良好。但是，需要关注的是，2013年之后，我国国债负担率在步入新常态以来呈持续上升趋势，尽管稳定在19%以内，但是当前国债规模的持续扩大会导致未来我国国家财政状态更加吃紧。

在国债清偿方面，如表3-1-2以及图3-1-4所示，自2010年起，我国国债偿债压力稳步增加，历年国债付息支出占财政收入的比例从2010年的2.2%上升至2019年的4.4%。此指标的计算并未包含每年财政收入中用于偿还国债本金的情况，如果将本金计算在内，国债偿债率不仅在变动趋势上依旧保持持续上扬状态，而且在具体占比数据上会相应明显增加。这说明，尽管我国财政收入每年都在稳步提升，但是其中用于偿还国债利息（甚至包括本金）的金额依旧以更快的速度增加，通过举"新债"偿还"旧债"，这必将影响国家财政履行公共职能的范围，容易导致国家财政陷入危机。从这个指标来看，我国当前存在较大的财政债务风险。

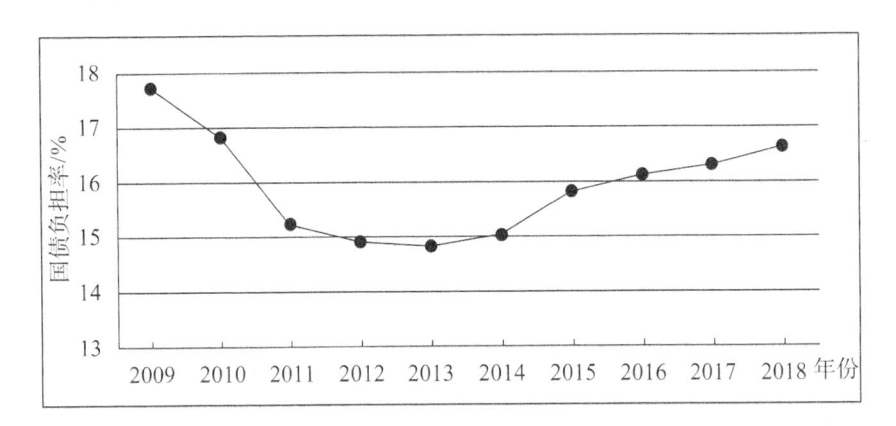

图 3-1-3　2009—2018 年全国国债负担率[①]

资料来源：由历年《中国财政年鉴》相关资料整理而得。

表 3-1-2　2010—2019 年全国国债付息支出及财政收入

年份	2010	2011	2012	2013	2014
国债付息支出/亿元	1844.24	2384.08	2635.74	3056.21	3586.70
财政收入/亿元	83101.51	103874.40	117253.50	129209.60	140370.00
年份	2015	2016	2017	2018	2019
国债付息支出/亿元	3548.59	5074.94	6273.07	7402.72	8338.00
财政收入/亿元	152269.20	159605.00	172592.80	183359.80	190382.20

资料来源：由历年《中国财政年鉴》相关资料整理而得。

---

①　国债负担率是指一国国债余额占同年国内生产总值（GDP）的比值，即每百元 GDP 所承担的债务情况，它反映了一个国家国债累积规模的大小。

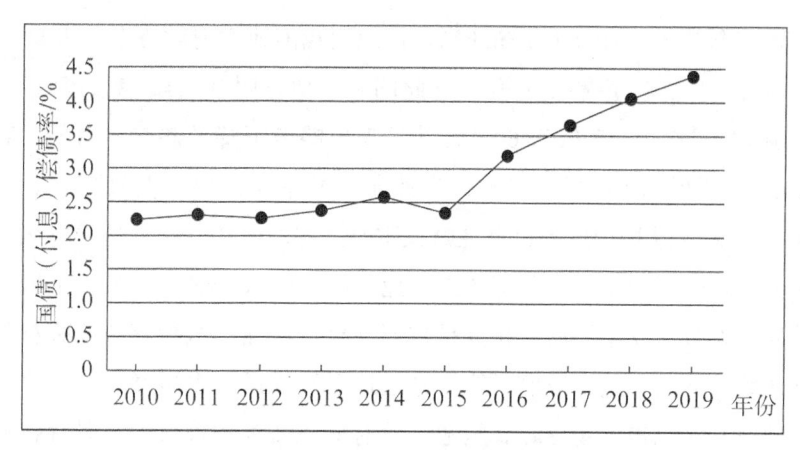

图 3-1-4　2010—2019 年全国国债（付息）偿债率①

资料来源：由历年《中国财政年鉴》相关资料整理而得。

对于上述国债负担率，我们采用国债余额在 GDP 中的占比予以测算，尽管我国在近些年内国债规模总体呈不断上升趋势，但是仅就数值方面来看，与发达国家相比，我国国债在规模方面尚属整体可控状态。但是，如果从债务结构来看，财政风险和安全问题就暴露无遗。目前，由于我国地方债务形式多样、金额巨大，且存在大量隐性债务，因此，客观上讲，我国地方政府债务相较于中央政府债务问题而言，形势要严峻得多。

三、地方政府债务风险

可以说，1994 年，我国实施的分税制改革在一定程度上可以被视为地方政府财政自给率在近年来不断下降，同时债务规模持续扩大的体制根源。分税制改革后，财权重心上移，事权重心下移，地方政府没有与其事权相对应的可支配财力。如图 3-1-5 所示，我国地方财政支出比重在 2010—2019 年一直居高不下，维持在 80% 以上，并呈上扬趋势，从 2010

---

①　国债偿债率是一个国家在一定时期内政府偿还债务能力的衡量指标，它是用一国在某年的国债还本付息额占当年财政收入的比率来计算的。但是，我国自 2006 年实行国债余额管理后，没有再对外公布国债还本付息额数据，因此，本研究中采用 2010—2019 年我国国债付息支出额来计算国债偿债率，以此替代原国债还本付息额，进而衡量一年内政府在偿还债务方面的财政压力。

年的82.2%增至2019年的85.3%，这说明我国地方财政资金需求自2010年起一直维持高位并稳步上升。与此同时，地方财政自给率却逐年下降，自2010年以来，一直低于60%，并呈现出略微下降的趋势。另外，我国自2016年对税制进行的"营改增"改革（共享税：中央提取75%，地方提取25%）在某种程度上也存在财权重心上移的趋势，导致地方财政收入和中央财政收入产生重新分配效果，地方财政收入的进一步减少加剧了地方政府的财政收支不平衡。尤其是在当前经济趋缓、减税降负及去杠杆的宏观政策导向下，地方政府只能依靠土地财政或通过融资举借债务来弥补资金缺口，这也进一步导致我国地方政府形成债务规模过大且隐性债务问题严峻的不安全局面。

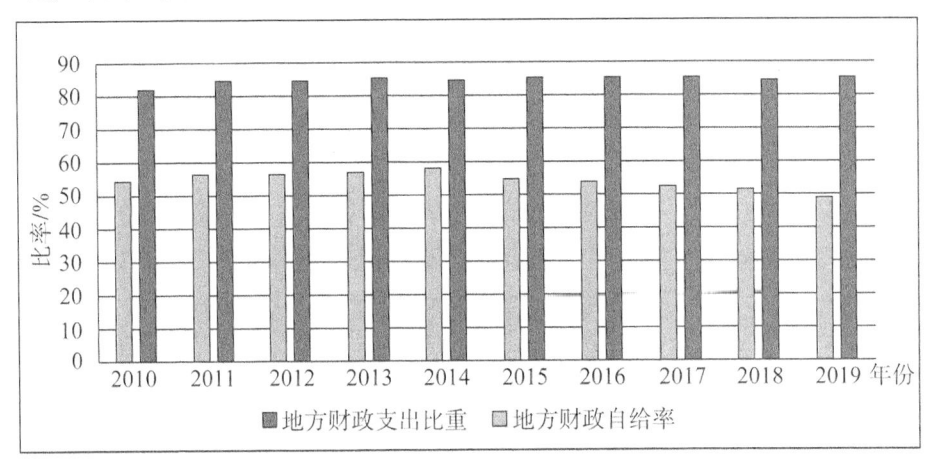

图 3-1-5　2010—2019 年地方财政支出比重①及地方财政自给率②

资料来源：由历年《中国统计年鉴》有关资料整理而得。

如表 3-1-3 所示，从债务规模上看，2018 年中央财政债务总额约为 15 万亿元，而地方政府显性债务和地方政府隐性债务之和是中央政府债务的 3 倍有余，高达约 55 万亿元。自 2012 年起，一方面，我国政府债务规

---

① 地方财政支出比重是一国在某年地方政府的财政支出占全国财政支出的比例，用以衡量地方政府在某年的支出规模。

② 地方财政自给率主要衡量一国在某年地方财政对于中央的依赖程度，它是一国在某年的地方财政收入占地方财政一般预算支出的比例。

模持续扩大;另一方面,在地方政府债务中,地方隐性债务总额不仅连年增长,而且自2016年"营改增"起,其规模总额业已超过地方政府直接、显性债务总量,成为地方政府债务的主要来源。由于此类债务具有"隐性"特征,其大量并持久的存在必定会增加一国财政系统运行的不确定性,构成巨大的隐形风险,一旦出现问题,其中相当大一部分必然要由中央财政承担最后清偿责任,因此对其隐蔽性及危害性必须给予高度重视。可以说,目前我国地方债务风险实际上已经超过金融风险,成为威胁国家经济安全与社会稳定的"头号杀手"。我国2017年所提出的三大攻坚战之一是"防范化解重大风险",其重点就是有效防控地方政府债务风险。如果处理不当,就极有可能影响国家和地方的财政稳定,直接威胁我国经济安全。

表3-1-3 2012—2018年我国中央、地方政府债务情况

年份	中央政府债务 总额/亿元	占比/%	地方政府显性债务 总额/亿元	占比/%	地方政府隐性债务 总额/亿元	占比/%
2012	77566	33	88379	38	68484	29
2013	86747	31	105990	38	82667	30
2014	95655	31	121554	39	94002	30
2015	106600	29	147568	41	108142	30
2016	120067	26	153558	33	194042	41
2017	134770	25	165100	31	235718	44
2018	149600	21	183862	26	370000	53

资料来源:中央政府债务以及地方政府显性债务数据来源于财政部网站;地方政府隐性债务数据中,2017年之前的数据来源于张明、朱子阳的研究报告,2018年的数据来源于联讯证券2019年3月1日研报。

注:张明,朱子阳. 中国政府债务规模究竟几何[J]. 财经,2018(17):72—76.

第二节 新阶段下维护我国财政安全的制度建设

一、维护我国财政安全的立法思路

法治是开展现代市场经济的一个关键环节,是一切向市场经济过渡的

国家亟须解决的重大课题。当今，我国市场经济发展已是势不可挡，但与之配套的法治观念淡薄、现有法律体系中存在的种种漏洞及短板都构成我国目前各项改革和建设的障碍，也是造成我国当前国家财政风险的一大因素。因此，我国目前防范和控制财政风险必须坚持法治原则，走依法治理的道路，从健全法制入手。在这个过程中，我国财政安全法治原则更强调政府职能的转变：一方面，政府维护法治，创造一个有利于财政安全、社会经济发展的外围法律环境；另一方面，需要对政府权力进行有效约束，即政府行为的"法治化"。

在保障我国财政安全的法治化道路上，"寻租活动"是一个尤其需要关注的环节。针对诸如此类的"权钱交易"问题，其根本解决途径在于制度完善。如何利用我国现有的相关法律制度资源设计出一套能够相互制衡、相互监督的公共制度是目前我国相关部门所面临的一项艰巨任务。比如，一方面，可以通过进一步完善我国当前财政部门的监督、审计体系，并建立健全相关责任追究机制，以此由上至下地构建安全、有效的监督环境；另一方面，可以合理利用群众监督之力来开辟一条由下至上的监督渠道，并以此形成监督合力。但是依靠公众之力开展专业领域安全的监督及反馈，至少需要以下两个前提条件：首先，公众对法律认知程度较高且具有专业领域的安全意识，还要具备必要的财政专业常识，这取决于公众的文化层次，同时与全民的安全意识有关；其次，相关信息获取及反馈渠道必须保持畅通。综上所述，在维护国家财政安全的法治化建设中，只有加强法制建设，提高监督的有效性，才能保证政府决策效率，避免出现重大的损失，进而及时、有效地规避、化解财政风险。

二、新阶段下促进财政安全的政策着力点

1. 防范财政收支风险

在财政税收风险管控方面，根据前面的分析结果可知，我国税收风险的产生一方面是由于我国当前税收制度内部存在制度冲突或制度真空问题，另一方面是由部分外围环境制度因素的不兼容甚至相互冲突所致。因

此，我国税收风险管控，一要加快我国当前税制改革，尽快建立、健全一套与我国当前经济发展相适应的税收体制；二要加快完善相关外围配套制度环境的建立与维系，创建出能够同时兼顾社会效率与公平、有利于我国税收工作合理健康开展的市场经济制度平台与环境。在税制改革中，在进一步优化我国当前税制结构、征管体系的同时，尤其要注意对税收流失问题的管控。在这里，一方面，我国税务机关应主动提高自身税收服务质量，同时要进一步增强我国纳税人的纳税意识，提高纳税遵从度；另一方面，仍要进一步完善我国当前的税收监管、税收处罚机制，建立并健全我国当前税收领域的反洗钱法律、法规，在加大逃税漏税案件侦查力度的同时，加大对相关违法行为的惩罚力度，对潜在逃税行为起到足够的震慑和遏制作用。

在财政支出方面，应严控支出风险，要对我国当前财政支出结构以及支出总量进行优化与控制，更重要的是，要进一步细化我国现阶段财政支出管理办法并提升其执行效果。我国当前主要采用的是国库集中支付制度，尽管较传统的分散支付制度而言，其益处与成效已经初步呈现，但是在实施和运作过程中，该支付制度仍然存在诸多问题。例如，在监管机制方面，鉴于现阶段监督主体均为平级部门，同级审计监管由于缺乏主动性与规范性，不能充分发挥现有制度的监管作用。同时，在资金使用方面，国库资金一旦支付到项目单位后，地方财政部门就不再对资金实际使用过程进行监督，进而在一定程度上导致当前国家财政资金的浪费。由于财政资金集中积存于国库单一账户中，其不能在市场上流动和周转，资金的周转率很低，难以实现财政资金的保值与增值。另外，在参与主体的积极性方面，由于现行制度要求账户余额每日归零，这就使得代理银行无法灵活盘活当日剩余资金，而在代理费用相对有限的情况下，势必影响其参与积极性等。我国对以上所述问题必须加以重视，并以此为接下来我国国库集中支付改革工作中的重点，只有如此，才能使其更加科学、合理，更好地服务于我国现阶段的社会经济稳定发展，实现资源的优化配置。

2. 控制国债规模风险

基于以上现状分析，本研究发现，尽管从我国现阶段经济发展水平和财政收支状况来看，我国国债发行尚有一定空间，但是其规模在近年来呈持续显著扩张趋势，且由此所产生的国债清偿压力保持持续上扬态势。与西方发达国家相比，尽管他们国债规模巨大，但其是长达几百年积累发展的结果，并且是建立在健全的法律法规体系、发达的国债市场发育以及科学的债务结构基础之上的。我国国债在历经短短几十年时间所达到的规模，其增长速度之快是建立在国债资产管理处于初级阶段之上，其中存在诸如市场发育缓慢、国债资产结构单一、公募招标方式尚待完善等一系列阶段"硬伤"。由此对比来看，防范我国国债规模风险对于保障我国财政安全具有十分重要的意义。

在防范国债规模风险方面，两个问题亟须关注。第一，要尽快建立并完善适合我国经济发展需要的国债规模预警指标体系。但是这里需要注意的是，该指标体系应将国债规模与国民经济增长结合起来予以确定。如果国债规模扩张速度等于或者低于同期国民经济的增长速度，那么国债规模的安全边界尚显宽松。相反，如果国债规模的扩张与国民经济的增长脱节，并且前者扩张速度超过后者，那么国债规模的安全边界确定就需要谨慎对待。第二，要进一步巩固并加强我国现有国债资金的偿还能力。在这方面，首先需要结合我国当前财政偿还能力以及社会购买能力来控制国债发行规模；其次需要建立健全我国现行国债偿还准备金制度；最后要减少经济波动，稳定地方财政，以确保我国国债资金偿还能力，这才是财政安全之根本。

3. 化解地方政府债务风险

截至 2020 年，我国地方债务风险实际上已经超过金融风险，成为威胁国家经济安全、社会稳定的"头号杀手"。其风险来源主要表现为：在宏观经济下行压力明显的背景下，以税收等作为政府偿债资金来源的稳定性与安全性将受到影响，并且由于我国地方政府债务多以地产类资产作为抵押物，而一旦房地产泡沫破灭，地方政府偿债能力将受到很大冲击，进一步导致其债券评级被下调，这又会影响其未来还债能力以及融资能力，而其未来融资能力一旦被削弱，将进一步影响其未来开展供给侧结构性改革的资金可获得性以及持续性，进而对实体经济发展造成负面影响，最终致使税收问题以及债务风险形成恶性循环。同时，我国地方政府由于债务规模巨大、隐性债务问题显著、债务平台错综复杂等顽固性问题的存在，使得地方政府债务风险已成为危害我国财政安全、经济安全的头号杀手。

因此，化解地方政府债务风险应该通盘考虑，尤其在当前受新冠病毒感染疫情的冲击背景之下，应注意以下几个改革着力点。

首先，务必提高特殊时期地方财政风险意识，必须尽快引起各级政府、财政部门尤其是各级党政领导干部的高度注意。地方财政风险本就客观存在，尤其是在当前我国新冠病毒感染疫情抗疫任务远未结束且外围局势高度不明朗的背景之下，地方政府所面临的债务问题更加严峻、更加复杂。例如，2020年春季，地方政府在医疗和相关防疫方面的投入巨大，所有医疗薪金发放是由所在省份同级地方政府先行垫付，之后再由中央财政按照实报人数予以结算。但由于财政资金下拨过程存在时间差，仅医护人员薪酬发放问题就令同期地方财政压力剧增。再考虑到其他防疫抗疫支出，以及疫情防控期间地方停工停产、经济停摆，致使地方财政收入急遽下降，银行不良资产陡增，地方债务风险随之加剧等因素，地方财政更加不堪重负。一旦出现相关风险，轻则造成经济危害，重则危及国家经济安全。在如此复杂局面之下，一个可行的中长期思路，即通过建立地方财政自求平衡的激励与约束机制，把化解和防范地方政府债务风险作为干部考核的标准及依据，在增强风险意识的同时，以最快速度降低已形成的债务规模，将特殊时期地方财政风险尽可能降到最低。

其次，尽快建立防范、处理地方政府债务风险的特殊预案和一般预案。受疫情冲击，针对以上种种压力及风险，防范、解决地方政府财政风险的特殊思路可以通过阶段性丰富当地财政补偿手段来减轻地方政府债务压力。例如，在当事人同意、可接受的前提下，针对参与抗疫或有突出贡献的个人可以推出分期抵减个人所得税上缴额度、下调公积金贷款利率等财政补贴方式；对于在抗疫期间参与后勤保障、为流动人员提供隔离条件的商企、商户，可通过设立为定点采购单位、选为政府合作单位、下调税率等方式落实补贴，以此缓解地方政府财政压力。当然，疫情防控期间解决地方财政困境的长久之计还是在于有序推进复工复产。地区经济越早回归正常，地方政府财政困窘局面才能越早得以缓解。前文所提到的"营改增"在短期内的确会在一定程度上带来地方政府的财权与事权的失衡，由此所带来的地方财政资金缺口如果单纯依靠中央政府的转移支付，可能会因为各种原因导致资金的及时性甚至可获得性下降，因此地方财政自然转而求助于资本市场，并在一定程度上指望由中央政府为其"兜底"，最终形成隐性债务增加、财政资金使用效率低下，甚至滋生腐败的现象。因此，为消除"营改增"对地方政府财政产生的短期不利影响，可考虑通过建立健全地方财政预算绩效管理体制，以切实提高地方财政资金管理及收支效率。同时，合理调整中央和地方财政关系，优化现行中央、地方财权、事权分配结构，明晰各级政府财政收支责任及权限，可以有效缓解地方政府财政收支压力。

最后，在中长期内，为避免地方财政"空转"现象，可以降低或取消将财政收入增长指标作为考核基层政府的依据及标准，可考虑将财政收入质量检查结果纳入工作业绩考核指标体系，引导财政收入征管部门规范性操作，保证财政收入的真实性。同时，正确引导各级政府根据本地区经济发展的实际情况，制定合理可行的财政预算收支计划，以维持地方财政系统的稳定、健康和可持续运转。

第四章
新时期我国金融安全现状及其制度建设

第一节　我国金融安全现状

　　金融是一国经济的主动脉，金融系统产生任何内源性问题都能迅速演变为国家整体经济问题。同时，随着经济全球化的不断深入，我国金融市场的外向性发展也在持续推进，国际经济协调日益加强，金融全球化的发展可能使世界局部金融问题迅速转化为全球性金融问题。金融安全在一国的国家经济安全体系中具有举足轻重的地位，金融安全是经济安全的核心。一国金融安全现状虽然可以归因于多方面因素共同作用的结果，但这些因素可以通过一系列经济金融指标得以量化反映。本研究在目前已有的国内外金融安全研究成果的基础上，结合本研究逻辑框架，将现有金融安全划分为三部分，即国家宏观金融安全、金融机构安全和房地产市场安全，以期在有限篇幅内对新时期我国金融安全现状进行较为全面的描述与评估。①

---

　　① 由于在本研究中将房地产市场、金融风险传导等虚拟经济安全问题纳入金融安全讨论范畴之内，因此本研究不再针对虚拟经济安全问题进行单独讨论。

一、国家宏观金融安全现状评估

从表 4-1-1 与图 4-1-1 可以看出,自 2001 年起,我国宏观金融安全演变过程整体可以分为四个阶段,即次贷危机之前(2001—2007)、次贷危机(2008—2009)、后危机恢复期(2010—2011)以及 2011 年之后的新旧常态转型阵痛期。自亚洲金融危机之后,随着我国加入世界贸易组织,我国经济活力与经济体量不断得到释放与增大,同期宏观金融状态也随之整体向好,宏观金融安全指数在 2001 年到 2007 年从 78.09 稳步上升至 89.06。从图 4-1-1 可以明显看出,自 2007 年美国次贷危机爆发并扩散之后,我国宏观金融状态受到严重冲击,金融安全指数从 2007 年的 89.06 单向急遽恶化,并于 2009 年探底。其后,伴随着一系列刺激性政策的实施与调整,国民经济状态明显好转,我国宏观金融态势也随即步入复苏阶段。然而自 2011 年以来,由于前期刺激性政策以及短期驱动因素的实施与投放,伴随着相当规模的经济负担与问题逐一、层层暴露,宏观金融指标下行趋势明显,宏观金融安全指数从 2011 年的 82.62 持续下降至 2018 年的 72.68。接下来,我们着重围绕 2011 年之后几个主要的宏观金融指标予以解读。

表 4-1-1 2001—2018 年我国宏观金融安全指数

年份	2001	2002	2003	2004	2005	2006	2007	2008	2009
宏观经济金融安全指数	78.09	77.84	80.99	82.59	85.54	87.93	89.06	85.72	77.50
年份	2010	2011	2012	2013	2014	2015	2016	2017	2018
宏观经济金融安全指数	85.80	82.62	80.81	79.39	77.67	75.05	74.64	73.08	72.68

资料来源:金融安全协同创新中心,西南财经大学中国金融研究中心。中国金融安全报告 2019 [M]. 北京:中国金融出版社,2019.

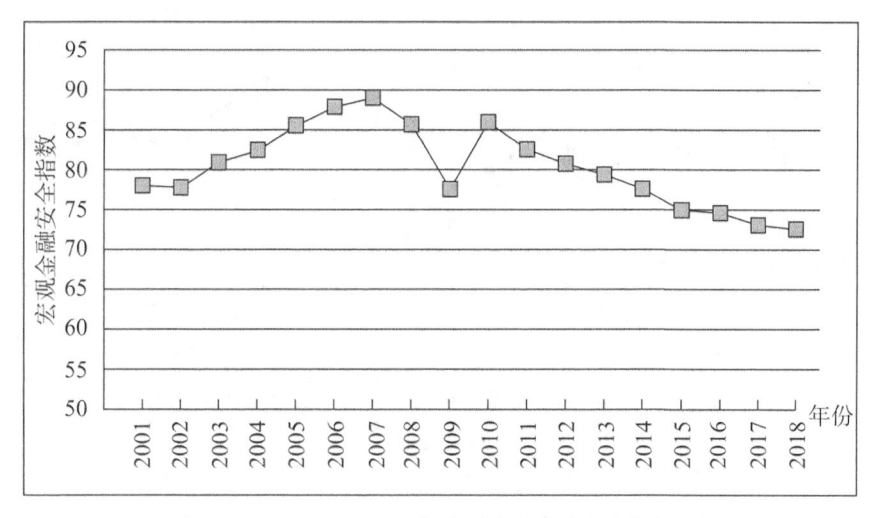

图 4‑1‑1　2001—2018 年我国宏观金融安全指数趋势

资料来源：金融安全协同创新中心，西南财经大学中国金融研究中心. 中国金融安全报告2019 [M]. 北京：中国金融出版社，2019.

首先，在外汇占款方面，一般而言，人民币升值能带动我国外汇占款余额同期增长，进而提高国内（商业银行）资金的流动性。在过去一段时间内，如图4‑1‑2所示，我国保持较长时间的外汇流入，外汇占款余额不断增加，在2014年我国外汇占款余额增至270681.33亿美元，国内基础货币供应充盈，商业银行资金流动性也不断提升。与此同时，外汇占款增速却逐渐走低，之后在历经了2013年的短暂回升后，又快速下滑。到了2014年后，外汇占款增速转负，同期外汇占款余额开始下降，而在2016年外汇占款增速更是跌至−11.7%。外汇占款增速的不断走弱，在某种程度上意味着其不再是影响基础货币供应的主要方式。由于外汇占款长期以来一直是我国调节社会货币供应规模的第一大渠道，这一根本变化意味着我国当前甚至在未来一段时间内货币政策工具的使用需要发生根本性调整。

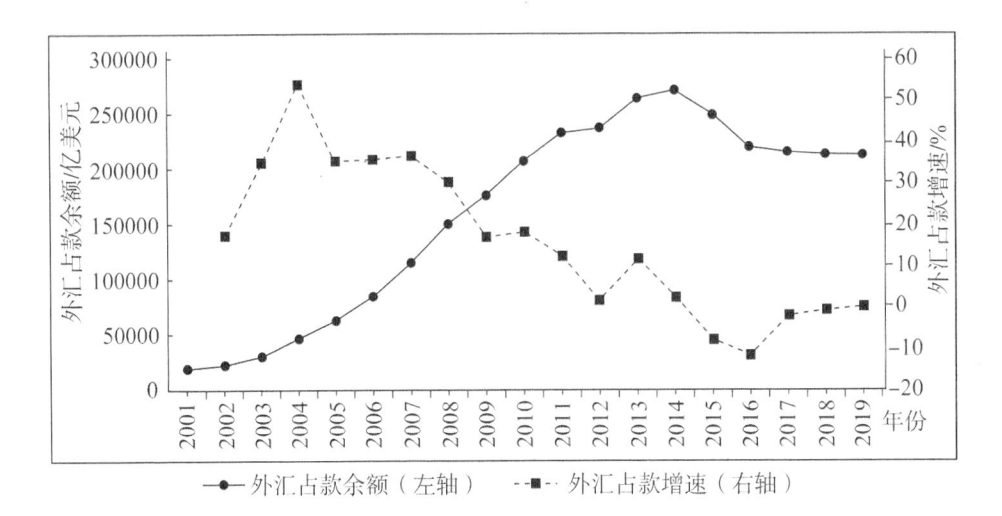

图 4-1-2　2001—2019 年我国外汇占款余额及增速

资料来源：由历年《中国金融年鉴》有关资料整理而得，部分数据取自中国人民银行网站。

其次，在国际游资规模[①]方面，如图 4-1-3 所示，自 2011 年起，热钱规模在我国波动不断，呈反复震荡状态。期间，一方面由于中美利差，美国所实施的量化宽松政策加重了投资者关于美元贬值的预期，而出于投机性目的，国际游资从美国不断流出并注入各个新兴市场国家；而中国由于同期实行稳健从紧的货币政策，且市场基准利率相对较高，更是游资涌入的主要目的国，故表现为同期游资流入，热钱规模上升。另一方面，由于美国次贷危机的爆发及扩散，欧美经济受到抑制，我国外贸出口也相应受到冲击，宏观经济态势整体趋缓，之前流入我国的热钱出于安全保值目的更愿意流回美国，故表现为同期游资流出，热钱规模下降。2014—2015 年间，国际游资在我国呈现出大规模流出态势，仅在 2015 年，国际游资从我国撤出量超过 12000 亿美元。这主要是因为同期我国经济增速持续走低，

---

① 目前来看，国际游资规模在业界存在三种测算方法：直接法、间接法和混合法。直接法是把所有短期的流动资本项目加在一起；间接法是从总的流动资本中除去那些不属于短期流动的项目；混合法则是直接法和间接法的综合，在实际应用中，该方法并不常用。在本研究中，我们采用间接法来计算游资规模，即游资规模＝外汇储备增量－贸易顺差－对外直接投资（FDI）。

金融市场、房地产市场低迷，人民币持续贬值所致。继 2015 年探底之后，热钱规模在我国继续呈波动态势，但无论是 2011 年之前的热钱大规模流入，还是其后至今热钱流出，均对我国经济安全构成巨大冲击。前者会导致我国货币供给虚增，对人民币币值稳定、物价稳定、资本市场稳定都将产生不利影响；后者不仅加剧国内商业银行的经营风险与信用风险，也会使国内资本市场、外汇市场产生震荡，房地产泡沫也会随之产生、膨胀与破裂。不仅如此，热钱的自由流动还会降低我国货币政策的独立性，根据克鲁格曼的三元悖论模型可知，国际游资的充分流动则意味着资本的自由进出，如果我国央行的货币政策目标为汇率稳定，面对国际游资的自由进出，我国央行就必须采取对冲的决策措施，即在公开市场上被动调整基础货币政策以稳定外汇市场，一旦如此，央行的独立性会受到相当程度的挤压，难以充分发挥其他职能作用。

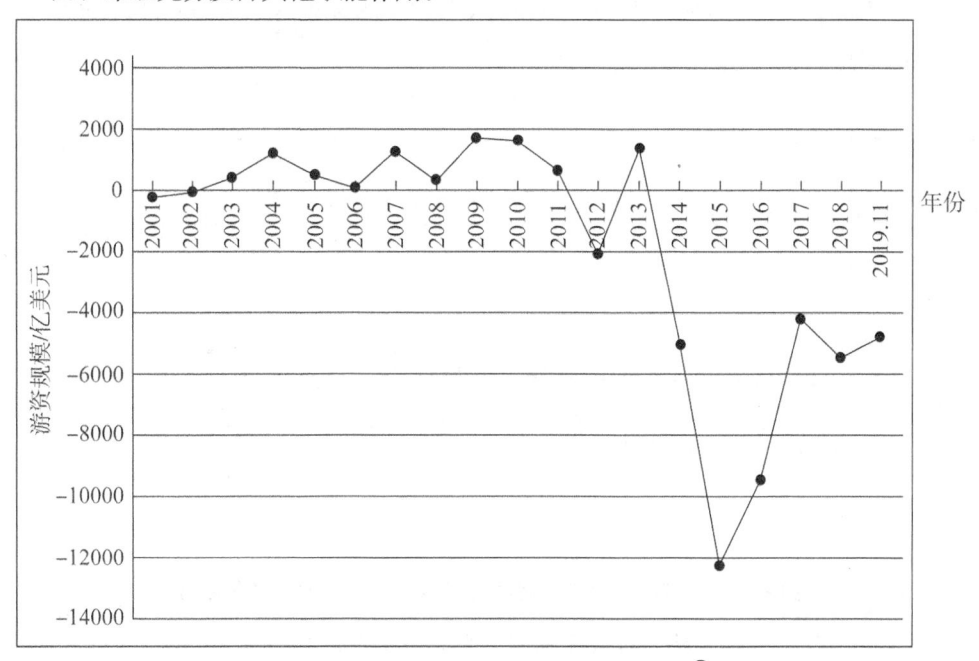

图 4-1-3　2001—2019 年我国游资规模[①]

资料来源：由历年《中国金融年鉴》《中国贸易外经统计年鉴》相关资料整理而得，部分数据取自巨灵财经。

[①]　由于数据更新问题，2019 年游资规模仅统计至 2019 年 11 月。

如图4-1-4，自2011年起社会宏观杠杆率保持持续上升态势，尽管2015年首次提出的去杠杆政策初见成效，但其效果仅限非金融企业部门以及政府部门，而非金融企业部门杠杆率自2016年底之后所呈现出来的下降趋势在一定程度上可能与贸易摩擦有关。[①] 由于同期居民部门杠杆率的上升态势更加强劲[②]，社会宏观杠杆率在2017年之后仍然稳中有升。在2019年底之后，非金融企业和实体经济部门杠杆率出现翘尾提升趋势，进而导致实体经济部门杠杆率自2019年底起有显著上升趋势。自2020年初疫情暴发之后，为了有效推进疫情防控后期的复工复产以及社会常态化疫情防控工作，宏观杠杆率在2020年之后很有可能呈现出持续上扬趋势，这也是逆周期政策支持实体经济复工复产的体现。因此，2020年之后，基于宏观杠杆率方面的金融风险问题，在保证实体经济恢复发展的同时，尤其需要给予关注。

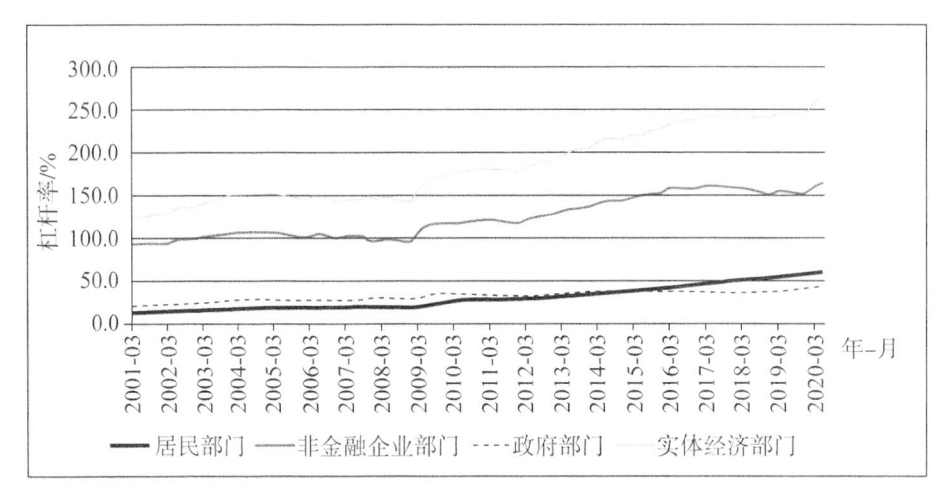

图 4-1-4　2001—2020 年我国各非金融部门杠杆率变化趋势

资料来源：由国家资产负债表研究中心网站有关数据整理而得。

---

① 由于出口受限，部分企业削减业务种类及营业规模，部门杠杆率相应出现下降趋势。

② 居民部门的杠杆率自2016年末出现显著提升，这个问题我们会在稍后的房地产市场安全问题中予以重点讨论，此处不作赘述。

二、微观金融机构安全现状评估

以上是从宏观角度对我国在新时期所面临的金融安全问题进行的整体性分析，而从微观层面上讲，一国金融不安全主要体现在各类金融机构中所存在的大量金融风险，它们一起构成金融不安全。

1. 银行业

如图 4-1-5 所示，根据《中国金融安全报告 2019》的分析及评估可知，我国银行业自 2001 年起，整体金融安全状态持续向好，尽管其间出现了两次较大回落，也都伴随着相应的重大事件的产生而出现。如 2004 年至 2005 年间，由于大量新设银行先后成立，银行发展的各项指标体系尚未成熟、完善，因此 Z 值①出现阶段性低位特征，而 2015 年所爆发的股灾，致使银行业整体经营明显下滑，Z 值也相应出现下滑。在 2016 年之后，当股灾所引致的负面冲击被所在体系逐渐消化之后，我国银行业整体安全状态有所好转。但是自 2017 年起，Z 值上升幅度明显见缓，这意味着我国同期银行业所面临的整体风险程度有所上升。因此，我们重点对 2018 年之后我国银行业主要指标予以分析。

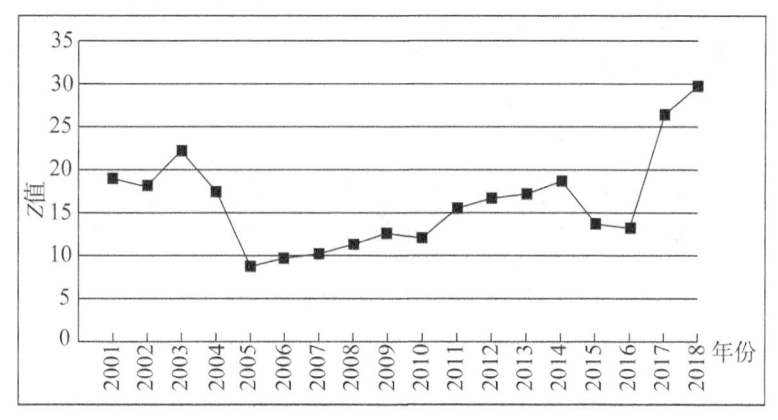

图 4-1-5　2001—2018 年我国银行业 Z 值

资料来源：按《中国金融安全报告 2019》整理而得。

---

① 本研究中，各金融机构 Z 值代表考察期内某机构所在市场的稳定程度，其计算公式为：$Z=\dfrac{ROA+EA}{\sigma(ROA)}$。其中，$ROA$ 为各金融机构的平均资产回报率，EA 为平均资本充足率，$\sigma(ROA)$ 代表各年度金融机构 ROA 的标准差。

如图4-1-6所示，我国商业银行流动性比例自2016年末起整体向好趋势明显，反映出同期商业银行资产并未过度集中于风险更高的贷款，也能体现银行满足储户提取存款需求的能力或渠道有所改善。但是在此期间整体向好的同时，出现两次较为明显的流动性降低趋势，如2016年第三季度以及2019年第二季度，但是经过及时的补救及调整，商业银行流动性得以改善，这在一定程度上反映出我国银行体系近年来已形成较好的自动调节性与趋稳性。需要关注的是，自2020年第二季度起，商业银行流动性比例出现略微下调的趋势，这在一定程度上可以归因于新冠病毒感染疫情的暴发，疫情之后社会对流动性需求由于停工停产相应增加，同期银行所掌握的贷款风险水平有所增高。此问题需引起关注，毕竟银行流动性要求对于金融安全，尤其是疫情之后的金融保障与支撑，具有重要意义。

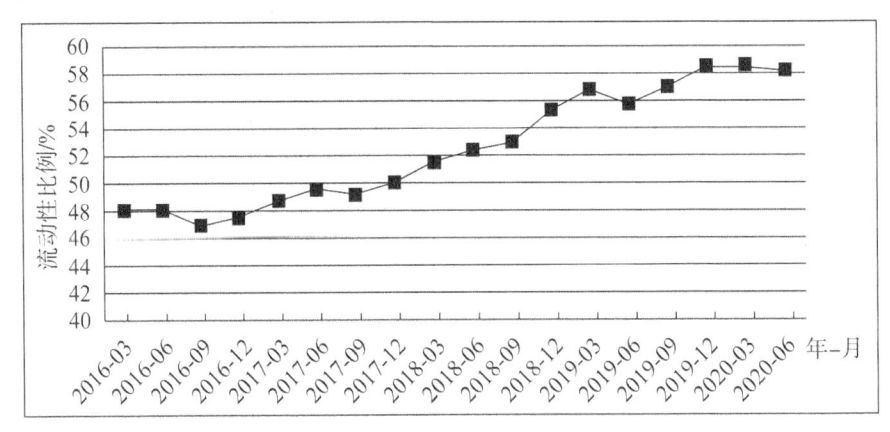

图 4-1-6　2016—2020年我国商业银行流动性比例[①]

资料来源：中国经济信息网统计数据库。

在商业银行的资产质量方面，基于前期我国银行业呆坏账剥离成效显著，我国自2001年起，不良贷款率呈现出持续并显著的改善趋势，从2001年的14%左右稳步下降至2011年的不足1%。自2011年之后，随着

---

① 流动性比例＝流动资产/总资产，用以衡量金融机构持有的资产流动性程度。流动性越高，意味着金融机构拥有更多的流动资产用于可能出现的挤兑压力。因此，该值越高，风险越低。

经济下行压力持续增大，我国商业银行的不良贷款风险有所提高，如图 4-1-7 所示，尤其自 2018 年起呈上升趋势。其中在 2018 年至 2019 年间，商业银行不良贷款指标所呈现的短期波动可能与同年银行扩大不良资产认定口径以主动暴露风险，并加大不良资产的处置力度以加速风险出清有很大关联。随着 2020 年新冠病毒感染疫情的暴发，国内外大面积停工停产，在一定程度上导致商业银行同期不良贷款出现阶段性增加。

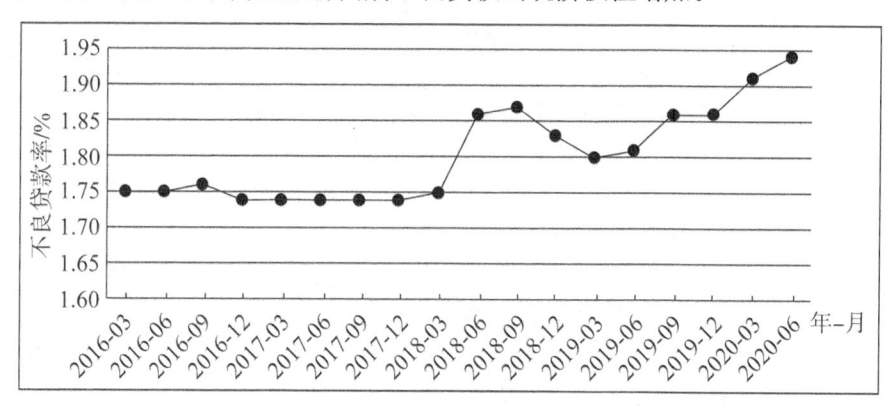

图 4-1-7 2016—2020 年我国商业银行不良贷款率[①]

资料来源：中国经济信息网统计数据库。

在资本充足率方面，如图 4-1-8 所示，在历经 2015 年股灾冲击之后，经过市场回暖，我国商业银行自 2016 年起资本充足率保持稳中略有上升趋势，但是较历史整体水平而言，其仍处于低位水平。与其他数据一样，我国商业银行资本充足率自 2020 年起也呈现出阶段性下降趋势。

在银行经营收益方面，在图 4-1-8 中，我们可以看到商业银行的资本利润率在剔除其中短期周期性波动现象[②]后，自 2016 年起呈现出显著的下降趋势，从 2016 年初的 15.93% 下降至 2020 年年中的 10.35%。其主要

---

① 不良贷款率指银行机构不能按时归还利息和本金的贷款占银行贷款余额的比例。该值越高，银行面临的资产损失风险越大。

② 此处周期性波动与商业银行年末会计记账处理有关：在每年的年末季末，商业银行会有一部分年内利润用于补充资本或者用于冲减、核销当年不良贷款。这对年末利润会产生一定周期性影响，所以作为商业银行的一个会计技术处理，我们在这里可以将其对数据产生的周期性扰动剔除，以把握数据的整体客观趋势。

原因是，一方面由于2015年以来的多次降息造成业内息差缩小，另一方面与银行同期自身所持资产质量不断下降有关。伴随着2020年新冠病毒感染疫情的暴发，受疫情影响以及经济大环境下行两方面的影响，银行净利润增长可能要面临一个中长期的下降态势。

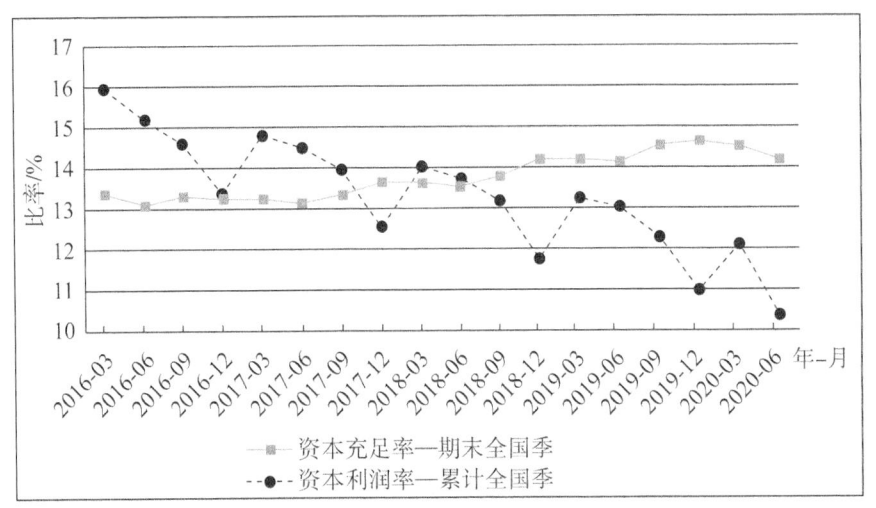

图4-1-8　2016—2020年我国商业银行资本充足率[①]与资本利润率[②]

资料来源：中国经济信息网统计数据库。

2. 保险业

如图4-1-9所示，我国保险业2018年 Z 值为15.8，与2001年（15.96）相比保持大致稳定。但在2001—2018年这个较长时期内，我国保险业的平稳性存在较大波动。在所有相关指标中，我国保险业 Z 值在考察期内与所在行业的资本充足率存在较为显著的正相关性，两项指标的演变趋势呈现出较高的相似度、同步性。这说明保险业的整体稳定水平与所在行业的资本充盈度及其所形成的抗风险能力大小有关。如图4-1-9所示，自2003年起，我国保险业 Z 值以及资本充足率均出现较大幅度的回落，

---

①　资本充足率反映金融机构在存款人和债权人的资产遭到损失之前，能以自有资本承担损失的程度。故该指数越大，金融机构所面临的风险就越小。

②　资本利润率即税后利润占银行所有者权益的比率。该指标越高，代表金融机构所持资本的利用效率越高，金融机构的经营能力越强，应对行业风险及不确定性的能力越高。

随着保险业的整体回暖,其后三年内两项指标均同步有所上升。受金融危机的冲击,2008年我国保险业的资本充足率以及Z值水平又呈现同步下降趋势,在历经2009年的短暂回升后,2010－2015年间又共同历经了一次中期、小幅跌涨波动。2015－2017年间资本充足率出现的下降趋势,在2018年有所扭转并出现了较为强劲的回升态势,表现出近年我国保险行业的抗风险能力以及整体稳定水平均有所改善。在资产流动性方面,需要关注的是,2003－2018年间,我国保险业的资产流动率呈现出较为显著的整体下降趋势,这意味着保险业应对流动性风险的必要性和能力需要引起高度重视。同时,在资本收益率方面,在2001－2018年间,我国保险业的资产收益率一直徘徊在低位水平,这意味着我国保险业在资金运用方面存在优质资源匮乏的风险,投资专业水平欠缺,迫切需要高级精算人才以及投资管理人才。

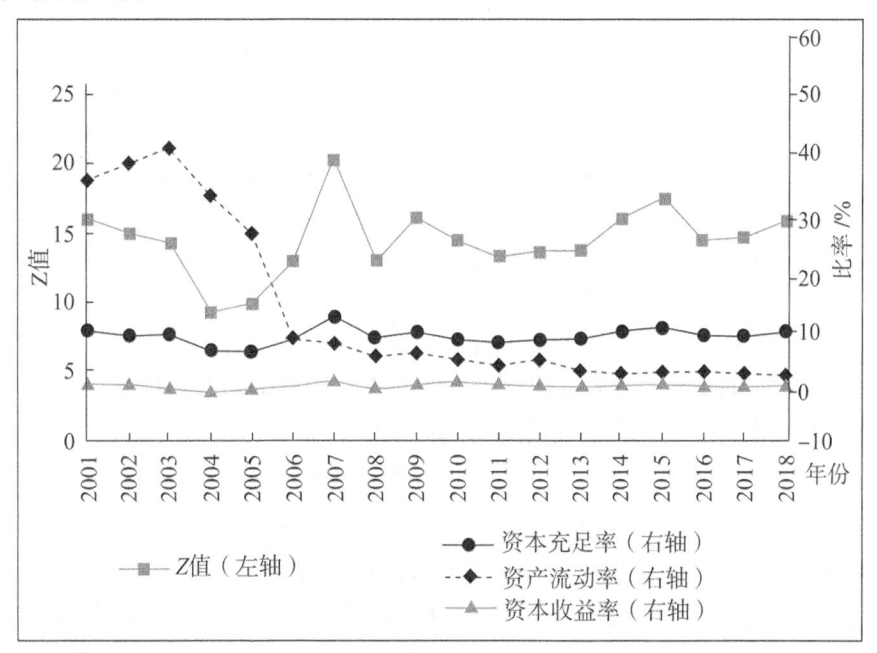

图4－1－9　2001－2018年我国保险业各项金融指标变化趋势

资料来源：按《中国金融安全报告2019》整理而得。

3. 证券业

如图4－1－10所示,我国证券业2001－2018年间Z值以及资本充足率变化趋势同样呈现出较高的相似度和同步性,均可对考察期内证券业整体的稳定水平予以测度。在2001—2018年间，我国证券业发展整体呈现大幅波动态势，资本充足率在2009年前呈现出持续下降的趋势，而同期 Z 值除了在2006—2008年出现短暂波动，整体态势仍然呈现出明显的下降趋势。继2009年探底之后，我国证券业稳定程度有所改善，这种改善一直持续到2011年，Z 值也达到考察期内最高水平3.41，而在2015年我国股灾爆发后至今，我国证券业整体恢复缓慢，Z 值持续低位运行。同期的资本充足率也由阶段性低点缓慢上升，尽管2018年（0.29%）较2015年（0.24%）略微上升，但是业界整体负债水平仍然处于较高水平，杠杆风险依旧存在。

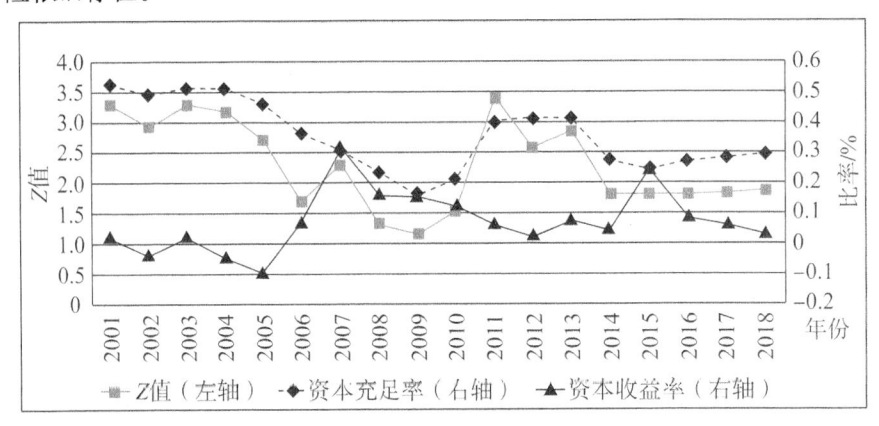

图4-1-10　2001—2018年我国证券业各项金融指标变化趋势

资料来源：按《中国金融安全报告2019》整理而得。

在资本收益率方面，受两次金融风险事件的影响，我国证券业平均收益率水平也随之呈现出剧烈的波动趋势。如图4-1-10所示，在2008年的国际金融危机冲击之下，我国证券业的资本收益情况随后持续恶化，并于2012年探底，证券业资本收益率跌至0.02%。继2015年我国股票市场大幅波动之后，证券业资本收益率再次迅速单向回落，并在2018年跌至0.03%，较2015年下降了87.5%。在我国当前宏观经济下行压力持续存在的情况下，尤其伴随新冠病毒感染疫情的暴发，政府接下来可能采取更为宽松的宏观经济政策予以逆向调整，届时资本供给过剩问题可能不会在短期内予以纠正，甚至会进一步加剧；同时，由于疫情之后社会整体投资机会持续匮乏，在接下来相当长的时间内，我国证券业资本收益率较低甚至为负收益的情况会持续存在，收益率下降风险需要重点关注。

三、房地产市场安全现状评估

如图 4-1-11 所示，我国房地产市场安全形势自 2001 年起历经两次较大程度的起伏。首先是在 2009 年前，由于受到之前次贷危机影响，国内宏观经济下行趋势显著，加之同期货币政策从紧，市场购房意愿急遽下滑，市场观望情绪强烈。观望期结束后，受房价回调预期的影响，前期积累的自住及改善型购房需求得以释放，进而出现市场成交活跃、房价水平不断攀升的局面。同时，房地产回暖迹象刺激投机性购房需求，进一步推升房价。另外，为刺激国内经济，政府同期采用的宽松型货币政策吸引信贷资金进一步流向房地产市场，进而推动 2009 年市场信贷风险急遽攀升。其次，房地产市场安全指数在 2015 年再次呈现急遽下滑趋势，此次风险骤然加剧主要是由于房地产市场的高利润、住房刚性需求进一步释放以及同期较为宽松的货币政策，三因素同时叠加致使当期房地产市场信贷风险再次大幅攀升。为应对以上房地产市场风险剧烈波动问题，2016 年底中央经济工作会议明确提出的"房住不炒"的决心和基调及其之后的一系列长效机制，均对 2016－2017 年我国房地产市场安全指数的回稳产生显著效果。从现有趋势来看，我国房地产 2018 年的安全形势有所恶化，房地产市场安全指数从前一年的 80.24 降至 77.45。接下来，我们将分别就我国房地产市场中几个关键性指标的表现予以分析。

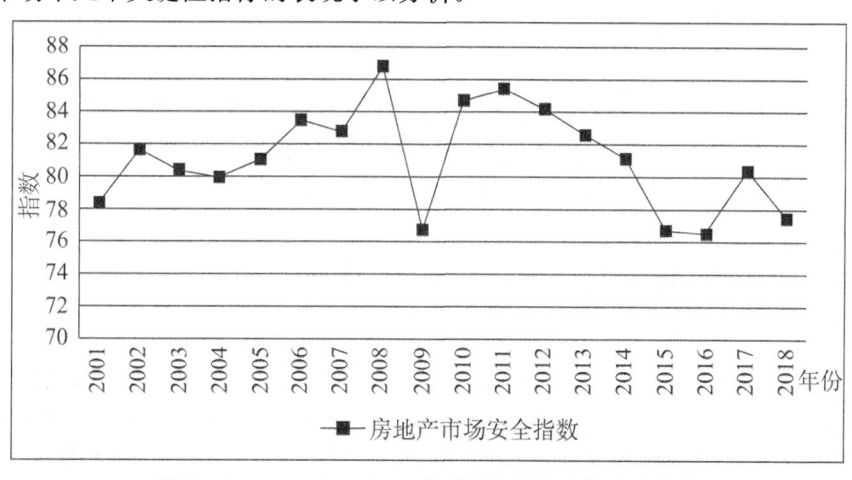

图 4-1-11 2001－2018 年我国房地产市场安全指数

数据来源：按《中国金融安全报告 2019》整理而得。

首先，在房地产市场需求方面，如图 4-1-12、图 4-1-13 所示，2018 年我国房价收入比、房价增长率比较 2017 年均有所提升。如前文所述，自 2015 年房价大幅攀升之后，随着相关政策力度的不断加大，限购、限贷、限售等多方面政策同时实施，房价上升势头在 2017 年之前得到有效抑制，而同期房价收入比相应回落，从 2016 年的 7.83 下降至 2017 年的 7.65。该下降态势并没有维持到 2018 年，且同期我国商品房以及住宅销售面积仍在保持上涨势头，截至 2018 年 11 月底，我国商品房销售面积 148604 万平方米，同比增长 1.4%。一方面，居民购买商品房的能力有下降趋势（房价收入比走弱），但另一方面，市场成交情况依旧活跃，这说明我国房地产市场在 2018 年仍然存在一定规模的投机性购房需求。同期房价增长率与 GDP 增长率的比值也出现回升势头，此趋势也在一定程度上说明房地产业泡沫在 2018 年有扩大趋势。

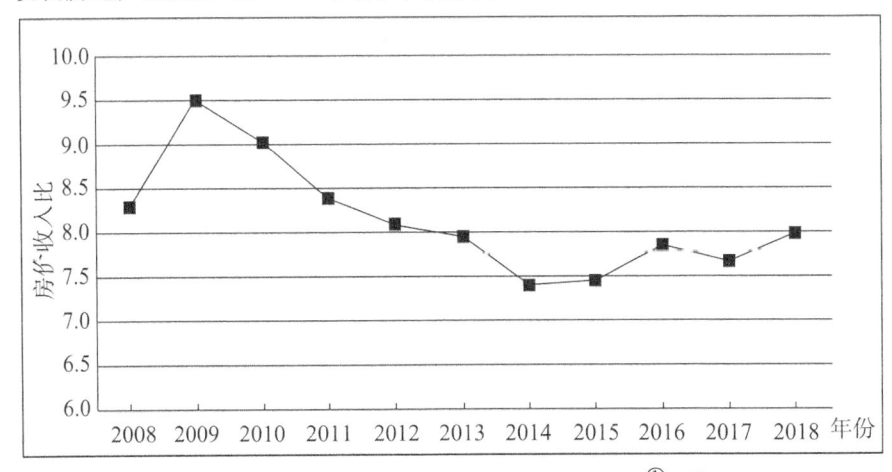

图 4-1-12　2008—2018 年我国房价收入比[①]趋势

数据来源：由历年《中国统计年鉴》、《中国住户调查年鉴》、国信房地产信息网的宏观经济与房地产数据整理而得。

注：房价收入比按相同套均面积和家庭户均规模计算。

---

① 房价收入比，即住房价格占城镇居民家庭年收入之比，用以衡量当地居民购买商品房能力的高低。当该值超过一定临界值后，则意味着当地居民的商品房购买能力不足，而如果同期市场商品房的销售情况没有下降，甚至有持平、走高趋势时，则在一定程度上代表当地房地产市场存在大量投机购房需求。因此，该指标也可以衡量投机需求对整体市场需求的扭曲程度。

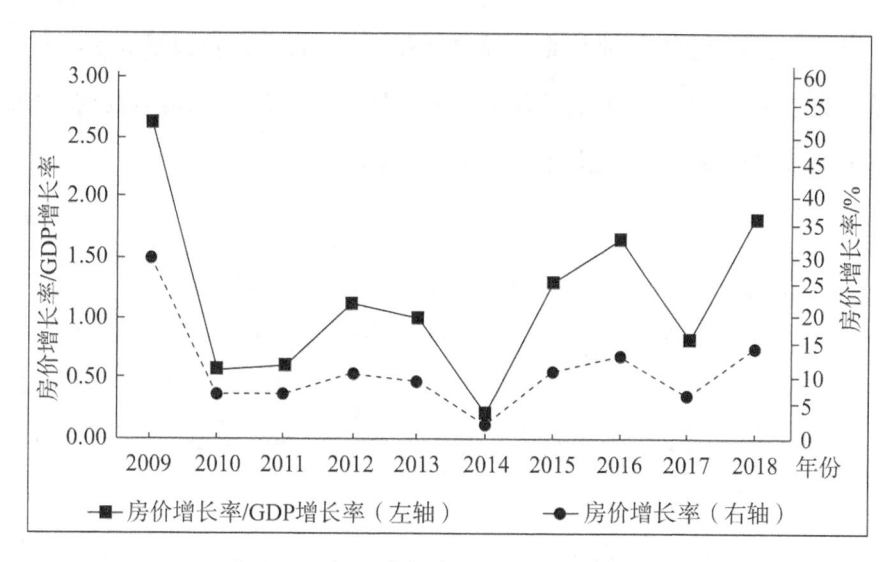

图 4-1-13　2009—2018 年我国房价增长率及房价增长率/GDP 增长率[①]

数据来源：由 EPS 整理而得。

在房地产市场供给方面，企业杠杆率及融资难度进一步提高。如图 4-1-14 所示，我国房地产开发企业从银行取得贷款额占金融机构贷款总额的比例自 2014 年起呈现显著持续下降趋势，这说明在去杠杆和严监管的政策驱动之下，金融机构对房地产开发的信贷支持不断缩减。考虑到房地产开发企业资金使用的特殊性，房地产开发企业仍然需要借助杠杆来维系发展，因此，其到位资金中自筹资金或将成为其主要资金来源，这也是为何在近年来去杠杆的背景之下，房地产企业杠杆率不降反升的主要原因。由此看来，房地产开发企业融资环境将会持续收紧，中小型房地产企业将面临资金链紧张甚至中断的风险，在不能依靠外界融资的前提下，如果不能快速回笼资金以解决流动性问题，中小型房地产企业的风险将随时爆发。

---

① 该指数可用来衡量当地房地产泡沫的发展情况。一般而言，在城市化建设时期，房地产行业的发展速度快于区域实体经济的发展速度，此时该比值大于 1。如若该比值超过一定临界值，且呈现持续增加态势，则说明房地产行业可能被过度开发，市场内现有泡沫有扩大趋势。

由于当前房地产开发企业资金来源中仍有很大一部分来自银行贷款，一旦企业发生财务危机，在杠杆率没有充分下降的情况之下，其影响就会波及银行等关联行业，对金融体系产生不利冲击。

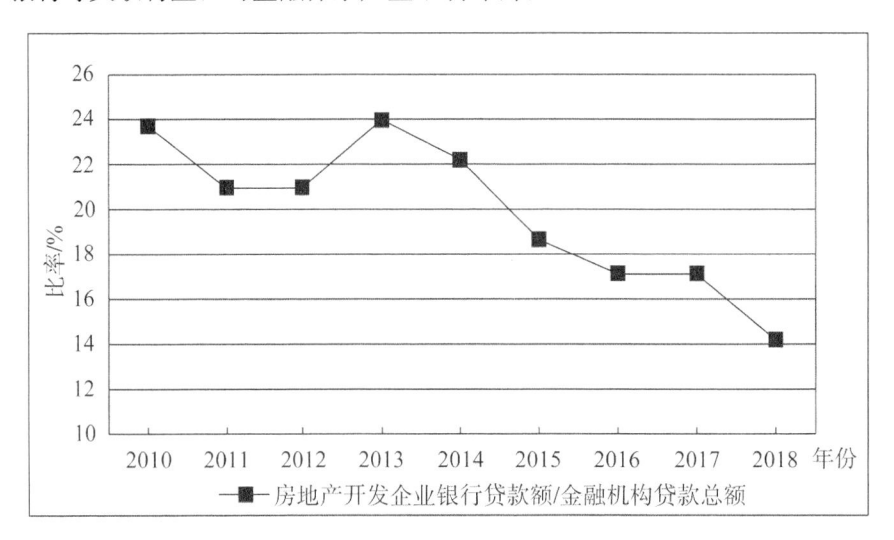

图4-1-14　2010—2018年我国房地产开发企业银行贷款取得情况

数据来源：由EPS整理而得。

由此可见，政府一系列限贷、限售、限签政策的实施和加码，的确使得我国投机性购房需求以及房价过快上涨的趋势得到有效遏制。从目前来看，国内房地产泡沫主要存在于二线城市。由于其经济发展迅速，对劳动力需求旺盛，基础公共资源充足，从而吸引大量投资者，二线城市在一定程度上已成为当前以及未来一段时间内国内房地产市场的主战场。三四线城市随着棚改政策的结束，其背后房价的推手已不存在，而由于人口外流严重，尤其在新冠病毒感染疫情的冲击之下，三四线城市房地产已呈现萎缩态势。在供给侧方面，伴随着2019年宏观经济下行压力持续存在，尤其面临突如其来的疫情冲击，房地产市场供给端在未来一段时间内对现行政策的宽松需求有所提高，这与当前政府的去杠杆、严监管的大背景有所出入。因此，接下来房地产市场管控在进一步去泡沫、去杠杆的过程中，为防止泡沫破灭而带来的房地产价格体系崩溃，进而导致次贷等系统性风险的产生，在当前特殊、复杂的社会经济背景之下，尤其需要谨慎处之，全盘应对。

第二节 金融风险传导与经济安全

自 20 世纪末以来，全球金融市场及各类金融机构发生危机风险的频率越来越高，曾先后发生数次因个别金融机构停摆或者局部金融市场瘫痪而导致其他国家或者区域内金融市场发生系统性风险的事件。伴随着我国经济全球化和市场化的不断推进，我国金融系统所面临的国内外金融风险传导的概率、频率也将不断提升。在国际层面，由于全球多数国家经济活动整体放缓，各国相应采取了更为宽松的货币政策，全球因此步入低利率时代。在金融市场中，低利率将进一步诱导全球避险资金涌入资本市场，而出于对收益性及安全性的考虑，宏观经济环境更为稳定的亚洲新兴市场国家往往会成为市场首选，我国自然也不例外。伴随着海外资金的不断注入，我国金融风险的国际传导路径会持续拓宽。而此时，一旦国际经济关系走向负面，资本外流在短时间内大规模出现，国内金融市场动荡在所难免。

在国内方面，我国信用风险集中。尽管近几年"严监管""控风险"等一系列监管政策的出台与实施，确实降低了我国金融体系内各机构之间的相互依赖性，但是部分网络体系的重心呈现出逐渐向少数重要性节点集中的趋势。特别是几个系统重要性银行在整个体系中的影响及作用远超其他银行，居于主导地位。如此特点的体系结构，极易提升系统的脆弱性与易损性：一旦冲击对其中一个或几个节点机构造成破坏，部分金融体系就会遭受到结构性重创，此时的系统是脆弱的。另外，当前国内金融体系内各机构之间业务关联日益紧密、机构间互动更加频繁，同时伴随着金融科技的飞速发展，风险一旦出现，其交叉感染率、相互扩散效率将会极高。

在国内各金融子市场之间，同时在中国内地与中国香港地区金融市场之间，甚至境内金融与房地产、金融与实体等跨行业、跨部门的传染风险令人担忧。

综上，在当前十分特殊、复杂的时代背景之下，我国面临的国内外金融风险传导的概率、频率且路径复杂性都较以往有相当大程度的提高，一旦风险出现，其对我国金融乃至整个经济体系的影响力、破坏力也是极大的。因此，风险传导救助方案显得十分迫切且必要。然而，由于我国目前缺乏大型系统性风险的救助经验，且由于我国经济体制、金融系统的独特性，当前国际现有的救助方案也不能直接照搬与借鉴，因此，大型系统性风险应对、救助预案的设计及思考应该是接下来经济、金融安全工作的必要环节与科目。

第三节 新阶段下维护我国金融安全的制度建设

一、维护我国金融安全的法律建设

（一）我国金融安全立法现状

到 2020 年为止，我国金融法制整体上完成了规范我国金融业运行、发展的基本任务，如从 1994 年开始我国颁布的《中国人民银行法》《商业银行法》《保险法》等，到 1997 年亚洲金融危机之后我国《证券法》的出台，再到 2001 年开始出台的《银行业监督管理法》《信托法》《外资金融机构管理条例》，2006 年出台的《反洗钱法》《金融机构反洗钱规定》等，包括 2017 年底设立的金融稳定发展委员会等，可以看出我国金融立法的高峰阶段主要集中在 2010 年之前，而在其后至今的十余年内，我国也需要根据经济社会的持续发展及其法律诉求的不断变更，对现有相关法律体系、内容进行调整与修订。

结合当前我国金融体系中所有立法来看，有关金融安全方面的立法情况主要存在以下几大特点：第一，从整体上看，我国当前金融法制建设基本上可以满足规范我国金融的需要，但关于金融安全方面的立法尚显滞后与不足，尽管其雏形在当前金融法制框架下已基本显现；第二，从立法构架的角度看，我国目前以金融安全为核心的纲领性法规还需完善，现有立法多以行政规章为主，拥有的法律效力及层次需要提升；第三，从内容、种类上看，我国当前立法主要涵盖的是金融安全中最为基础、敏感的领域，如金融机构运营规范、银行信贷、证券、保险等，但随着金融全球化以及金融创新的不断发展，相关立法还需要在更多方面，如我国币值问题、外资并购国内金融机构、信用机制问题以及与可能冲击金融安全的规模以上企业破产问题等予以倾斜；第四，在应对外来性金融风险方面，我国涉外金融监管法律体系有些滞后于金融改革进程，金融安全审查机制有些不到位。

（二）我国金融安全立法思路

结合以上我国金融安全现状及相关立法现状来看，新时期下维护我国金融安全立法工作思路可从以下两方面予以铺叙。

1. 应对外源性金融风险的立法思路

任何金融风险往往与国内、外宏观大环境紧密联系，并非单方面的一蹴而就。在当前全球贸易保护主义抬头以及逆全球化思潮涌现的大背景之下，此类外源性事件对我国经济、金融体系产生的冲击及带来的风险必须得到重视。同时，我国实体经济和市场预期还将会通过贸易、国际供应链渠道、资本金融渠道中的投融资、资本等项目而受到中美贸易摩擦以及美联储货币政策调整的不确定性的频繁干扰与冲击。为应对此类外源性金融风险，我国接下来维护金融安全的立法工作应注意以下几个方面。首先，根据审慎性原则进一步推进我国涉外金融监管立法工作的完善。在此方面，我国应尽快完善外资和中外合资金融机构的准入制度，确定其进入我国金融市场的业务范围和业务规则，以降低我国金融机构的经营风险，促进我国金融业的稳健发展。其次，为应对外源性金融风险以及国际金融风险传导问题，需要进一步加快建立、完善我国资本流动风险管控的政策与监测体系，通过运用各种政策、技术工具，减少国际资本流动的负面影响，尤其要结合国际经济环境发展的动态性，适时调整目标与手段，对跨境资本流动进行灵活、准确的追踪和预测。再次，在金融审查制度方面，可考虑通过反垄断审查、重要基础设施并购审查、对国家金融稳定运行产生影响的外资并购及控股审查三个方面，依次推进我国对"外资金融主体"审查机制的建构与实施。最后，进一步加强对金融风险监管的国际协调与合作。现阶段，我国的双边和多边国际合作多以参与国际组织、构建双边谅解备忘录的方式展开，这对于推动我国与他国之间的政策、法律协调，通过国际合作来加强我国金融风险监管，意义重大。

2. 应对内源性金融风险的立法思路

针对我国内源性金融风险问题，我国与之对应的立法工作应侧重于以下几个方面。首先，在金融安全立法的时效性方面，我国目前已初步构建起与自身经济发展相适应的金融规范化标准体系，但在金融安全立法的时效性方面存在不足，有滞后现象。因此，应尽快加强和完善与我国金融市场实际运作相适应的金融安全立法工作。例如，在数字经济时代，围绕数字货币问题，中国人民银行应当加快我国数字货币研发工作，并且提请全国人大常委会在现有中国人民银行法或者货币法中增加有关数字货币的相关条款，从而为我国数字货币的发行和流通奠定法律基础。其次，在金融安全立法的高度方面，基于金融安全在经济安全体系中占据核心地位，我国应以国家整体利益为核心，从宏观角度出发，在已有的法律制度、行业规约框架之下，制定金融安全法，从立法、执法层面表达我国对金融安全的重视及决心，并以此提高法律在金融管控方面的实际效力。刑法作为法益保护的最后一个手段，在金融安全保护中所扮演的角色、作用也是不应忽视的。因此对金融安全施以一定刑事保护，对危害国家金融安全甚至是国家经济安全的失范行为产生刑事司法威慑，也是值得考虑和尝试的。再次，在金融安全立法的深度方面，我国现有金融立法方面的内容较多关注建制、规范等基础层面。例如在金融机构方面，现有立法有些倾向于其法律地位、组织体制、业务范围等基本方面的管控，对金融机构的运行质量以及风险管控方面关注不够，如其内部的抗风险能力、资产质量，以及外部的政府监管、行业自律、社会监督配合等方面的综合安全架构方面还尚显不足。因此，我国金融安全立法接下来的工作重点在于，从专业角度对我国金融监管、风险防范实施全方位全过程管控，充分发挥法律在风险监管和安全维护中的作用与角色。最后，在金融安全的立法方式、信息披露方面，我国应该保证决策过程、信息公开的民主性和透明度，唯有如此，才能创造并维系一个真正公开、公平、公正、安全的金融市场秩序。例如，凡是可能影响国际经济金融关系，以及与之相关的重大金融政策的出台，包括国有金融资产发生重大调整时，都需要经过人大听证。通过提高立法程序的民主性，确保最终决策的科学性与正确性。同时，加快推进《金融信息披露条例》或更高层次的有关金融信息披露的法律规章的制定，取消信息披露方面的一些限制，借助现代技术化手段让社会各方面更加及时、自由、畅通地获取金融安全相关的法律法规及其进展内容，改善金融市场信息不对称的状况，从而维护金融稳定。

　　风险漏洞之所以存在，多与我国传统的金融监管组织的结构设计有关，因此，国家要采取综合性、统一性的监管策略以及与之相适应的机构组织设计，以减少我国金融体系内、外源性风险的系统漏洞。我国当前已把商业银行、商业保险的监管职能合并，统一交由银行保险监督管理机构负责。鉴于证券行业的复杂性以及涉及面更广等问题，目前尚单独保留证券监管委员会。因此，为从根本上解决我国金融市场监管方面存在的问题，是否考虑把我国"国家金融稳定发展委员会"作为一个统一的风险监管、执行机构，对于进一步降低我国当前金融监管成本、减少市场体系中所存在的监管漏洞问题等有极大促进作用，这是接下来金融立法需要认真考虑的问题。

二、新阶段下促进金融安全的政策侧重点

综合我国当前各金融机构所存在的金融风险现状分析，在现阶段下维护我国金融安全应从以下几方面予以着手。

（一）宏观层面

1. 外汇占款以及货币政策调整

根据我国外汇占款及其变动的现状分析，我国近几年外汇占款余额大体保持稳定，且其增速呈现不断下降趋势，这意味着我国当前甚至是在未来一段时间内货币政策工具的使用方式需要发生调整。同时在新冠病毒感染疫情的冲击之下，当全球多数国家步伐一致进入低利率时期，为应对国内"流动性陷阱"问题，创设新型货币政策工具刻不容缓。目前，常备借贷便利、中期借贷便利、定向中期借贷便利、抵押补充贷款等新型货币政策工具已先后被投入使用，同时，央行新型宽松化货币政策还可以考虑通过与积极财政政策相融合，以采取适度扩大资产购买范围和增加资产购买数量，如以增加直接持有国债、地方政府一般债等方式，提升积极财政政策的作用能力与实施效果，为中国抵御风险危机、共渡难关添砖加瓦、夯实基础。

2. 国际游资流动及其监控

而在国际游资风险管控方面，首先，在逐步推进国家外汇管理体制改革的同时，须对资本项目开放问题始终保持审慎态度。对国际游资流动进行全方位"监控＋管理"，通过建立一套完善的预警体系对国际游资流量变化进行实时监控，当国际游资流入流量比较大时，对国际游资的流入和流入的"热钱"进行适度控制。其次，在国内进一步完善相关立法和税收手段，严厉打击地下钱庄等洗钱犯罪行为。一方面，通过立法约束与制裁来遏制游走于地下通道的国际游资，同时严抓严打与游资流动密切相关的一切可疑洗钱行为。另一方面，完善及适当放宽外汇管制，引导合法渠道

通汇，减少对地下钱庄的洗钱需求。最后，积极参与、回应国际金融体制改革，通过寻求国际合作伙伴、形成国际金融监管合力，提高双方、多方共同防范金融危机风险的能力。

3. 宏观杠杆率与金融生态创新

纵观我国2020年宏观杠杆率的表现，我国实体经济部门宏观杠杆率有所提升，而其中三个部门的杠杆率较2019年之前均有所提高，并且居民部门、非金融企业部门的杠杆率，相比政府部门杠杆率的温和爬升而言，提升速度较为显著。其中，非金融企业杠杆率在2017年至2019年间有所趋缓，其原因主要是2015年底由中央经济工作会议提出的"三去一降一补"供给侧结构性改革初见成效。而从2019年底到2020年，宏观杠杆率提升明显，主要是由其下居民部门、非金融企业部门杠杆率推动所致。对于前者而言，由于居民部门债务大部分来源于住房按揭贷款，而其中大部分债务由中低收入家庭承担，整体偿债能力有限，此是居民部门的杠杆率长时间稳增不降的主要原因。而对于非金融企业部门而言，其主要是因为疫情发生之后企业停工停产停收，但很多支出是刚性的，为了避免受疫情冲击较重的企业破产，央行引导金融机构向部分易受损企业予以政策倾斜。这是2020年一季度非金融企业债务上升较快的主要原因。而由于小微企业、制造业企业的景气度依然不佳，为保就业，货币、信用政策不会过快收紧，故同期宏观杠杆率继续上升。基于此，除了坚持"房住不炒"的调控政策以遏制投资、投机性购房需求继续膨胀以外，我国仍要继续大力推动技术创新，通过提高全要素生产率做大做强经济，来消化国内现有债务。然而由于创新活动需要金融支持，而传统的、以间接融资为主的金融体系与科技创新金融需求不相匹配，因此，未来须推动一系列金融生态创新以加大对科技创新的支持力度。

（二）微观层面

1. 商业银行不良贷款率与结构化管理

结合以上对商业银行不良贷款率现状及问题的分析，我国商业银行除了日常要加强对放贷的审慎管理外，还要加强对宏观经济形势的研判，特别是在当前具有较大下行压力的整体经济背景之下,通过对现实做好系统性和前瞻性分析,在有效应对宏观逆周期调控的同时,加大对自身不良贷款率的监控和管理,以避免风险加大。而在技术层面,商业银行要重视不良贷款的结构性差异化特点,并基于此调整管理思路。例如,对于不良贷款率高的地区,商业银行贷款发放要适当提高管理要求,而对于不良贷款率低的地区,商业银行则需侧重于对贷款质量以及贷款使用过程予以监控,如此差异化管理在一定程度上能在保证金融服务实体经济功能作用的同时,处理好金融风险问题。

2. 金融机构流动性问题与风险管控

在流动性问题方面,金融机构应从风险管控角度高度重视流动性问题。首先,机构体系由上至下均要加强流动性风险防范意识的教育与学习,深入理解如何以及为何要处理好流动性、安全性和盈利性三者之间的联系。同时,金融机构要尽快建立、健全专业性的流动性管理机制,通过及时地合理地设立风险监管部门,并保证各部门之间相互积极配合,使机构日常经营业务保持良好流动性状态,规避流动性风险。其次,金融机构还要合理调控资产及负债比例,减少把长期资产用于短期投融资需求等期限错配问题出现的次数,避免客户临时计提或者临时退保需求对机构现有流动性产生的冲击,以降低流动性风险。

3. 金融机构资金运用风险初步呈现

根据以上对各金融机构资本收益率方面的现状分析可以看出,三种金融机构的资本配备以及经营能力在近几年都出现显著下降趋势。这一方面与整体宏观经济的下行压力以及行业监管要求的进一步提升有关,例如,前些年"四万亿"财政扩张之后,一些大型、国有企业由于经营不善使得银行难以收回贷款,甚至由于政策原因,商业银行还须向相关企业持续输血,这进一步降低了银行机构的盈利水平,另一方面也与金融市场发展有关。由于部分金融机构,如商业保险机构的资金配置方式趋于多样化,其与金融市场的关系也越发紧密。受经济去杠杆、中美贸易摩擦、人民币贬值等多方面影响,我国资本市场持续低迷,收益率连续走低,保险公司要么面临股市投资亏损问题，要么面临债券市场中大量到期资金再投资问题以及新增资金配置难问题。对于此类问题，保险机构可以在充分利用现有投资渠道的基础上，做好风险防控，拓宽其他投资渠道，如适当提高非标资产投资比例，或者以少量比例参与创业投资基金，甚至可适当向夹层基金、普惠金融方面予以倾斜，以此丰富资本配备方式，提升自身盈利能力。

（三）房地产市场

根据前文对我国房地产市场的安全现状分析结果来看，伴随政府一系列限贷、限售、限签政策的实施和加码，我国投机性购房需求以及房价过快上涨的趋势确实得到有效遏制。从目前来看，国内房地产泡沫主要存在于二线城市。为了防止泡沫继续膨胀以及在空间上向其他区域转移传导，从政府角度，我国仍然需要继续推行"房住不炒"原则，加强风险防控和金融监管，并且在中央政府加快住房租赁体系建设、保障居民合理自住需求的同时，地方政府也应加速住房制度改革，并对房屋土地供应进行改制调控。

为防止局部泡沫向其他区域转移，从金融机构的角度来看，商业银行应以服从并服务于房地产市场平稳健康发展为总体要求，更加谨慎、灵活地对待住房信贷政策的调整和实施，例如可以根据不同的区域需求，对住房贷款实行差别化对待。并且根据以往实施效果来看，调整房地产市场短期的投资性需求、投机性需求的住房信贷政策，相较于地方政府出台的一系列限购措施而言，有着更为明显的作用。因此，政府应该倾向于对住房信贷政策的使用和调整，这样既能调控价格，又可兼顾总量调整，既可应对当下问题，又能引导未来预期。但需要注意的是，在使用该政策工具落实市场管控预期目标的同时，更须结合区域性社会刚性住房需求的差异化而因城施策，在满足不同区域的刚性住房需求的同时，更要防范和化解房地产市场局部泡沫向其他区域转移，最终形成的系统性金融风险。

而根据之前的现状分析，房地产市场供给端的资金链紧张问题也需要引起关注，尤其在当前复杂多变的经济背景之下，房地产融资难度的持续增大，也相应提升了信贷危机的发生概率。在如此背景之下，我国可以根据地区、行业的差异性，阶段性地实施不同的支持政策，通过因城施策，合理引导资金在房地产市场的流向。针对库存较大的地区，可施以较为宽松的信贷措施，而对于热点区域的楼市，则可以督促地方出台紧缩性的信贷政策，在宏观整体坚持去杠杆、去泡沫的同时，在特殊经济背景下为相关企业提供减速缓冲支持，在实现房地产市场结构优化的同时，也为微观主体提供抵御风险、渡过难关的支持和依托。而一旦企业走出疫情阴霾，则仍应及时收紧房地产企业的融资政策，恢复正常的市场化、规范化、透明化融资规则。因为从长期来看，唯有如此才能真正做到有利于房地产企业成长，促进其合理规划自身经营活动和融资行为，提升企业自身"稳增长"及抗风险能力，进而推动房地产市场长期稳健运行，防范和化解房地产金融风险。

第五章
新时期我国实体产业安全现状及其制度建设

第一节 我国实体产业安全现状

随着经济全球化、区域一体化的不断深入与发展，世界市场将各个主权国家的国内市场联结在一起，各主权国家在向国际市场输送自己的资源及产品的同时，其自身民族实体产业也面临着世界市场的竞争与冲击，由此产业安全问题应运而生。产业安全是一国经济安全和持续发展的基础，是国家制定合理、科学的产业政策，实行经济干预最基本的出发点。因此，进一步优化我国产业结构，实现合理产业布局，提升我国产业的国际竞争力水平，进而促进我国产业安全，对于有效保障我国国家经济安全有重要意义与价值。

产业安全是指一主权国家自主产业的生存和发展不受威胁的状态。因此其强调，在开放经济条件下，一国国内市场及其重要产业能够应对各种生存与发展的外来干扰或威胁，在国际市场竞争中具有竞争力、自主力及控制力，进而保证本国现有的或潜在的产业权益免受危害并不断获得持续发展的状态和能力。① 在本书中，由于之前章节我们已对金融及房地产产业安全情况予以分析，因此，在此部分中，我们将主要关注我国实体产业安全问题。通常来讲，与虚拟经济相对应，实体经济是指一国实际生产货物与服务的经济部门。从传统广义来看，实体产业应当包括第一产业、第二产业以及剔除金融和房地产部门的第三产业。而更为狭义的一种理解是，实体产业主要指直接进行物质生产的第二产业，即主要包括采矿业、制造业、电力、热力、燃气及水生产和供应业、建筑业等。鉴于考察的针对性以及数据的可得性，本书在产业组织安全方面主要关注我国第二产业，尤其是其中制造业的产业组织现状，而在产业结构安全方面，我们将全面关注包括我国第一产业、第二产业以及剔除金融和房地产部门的第三产业在内的实体产业安全问题。本研究接下来将依次从实体产业组织安全、实体产业结构安全两个方面对我国实体产业安全现状进行分析。

一、我国实体产业组织安全现状

产业组织是指一国在社会化生产条件下，国内企业之间的市场关系总和，其具体涵盖市场结构、市场行为和市场绩效等内容。因此，实体产业组织安全可以理解为，一国现有制度环境能够为合理的市场结构和市场竞争提供支撑和基础，使其实体产业内的企业处于有效竞争状态②，而在开放经济条件下，实体产业组织安全也指一国或地区的实体产业组织不仅能够优化资源配置，也能够及时防范化解域外经济的冲击与侵袭，并在国际市场竞争中不断提升本实体产业竞争力的能力和状态。因此，本部分将从以下四个角度对我国产业组织安全现状进行分析。

（一）对外依存

本研究对我国实体产业对外依存程度的考察主要从对外贸易依存以及

---

① 刘斌. 国家经济安全保障与风险应对 [M]. 北京：中国经济出版社，2010：46.

② 这里的有效竞争不仅强调既定产业内拥有一定数量的企业进而可以激发较高的企业活力，同时各个企业也拥有合理规模进而能够实现规模经济效益。

对外资依存两个角度予以展开。在我国实体产业的对外贸依存方面，本研究主要采用四个指标予以测度：对外贸易依存度、进口依存度、出口依存度，以及出口集中度。如图5-1-1所示，我国对外贸易依存度在"十二五"规划期间呈现出逐年下降的趋势，从2011年的48.65%下降至2015年的36.18%，降幅高达25.6%，而在2016—2018年，我国对外贸易依存度变化趋于平稳，于32%~34%区间上下浮动。而我国进口依存度同样在"十二五"规划期间呈现出逐年下降的趋势，从2011年的23.36%下降至2015年15.32%，降幅高达34.4%，在2016—2018年，我国进口依存度变化趋于平稳，于14%~16%区间上下浮动。我国出口依存度自"十二五"规划以来呈现出逐年下降的趋势，从2011年的25.29%下降至2018年的17.5%，这说明，整体而言，近些年我国产业发展对于国外市场的依赖程度有所减轻。但是从数值角度来看，我国对外贸易依存度仍在30%以上，国内经济在一定程度上仍然依赖国外经济，易受国际经济形势的影响，从而影响我国的产业、经济安全。

另外，从商品进出口结构来看，我国对外贸易依存度所表现出来的行业差异是不利于产业经济安全的提高、维系的。首先，从出口商品的结构上来看，我国劳动密集型产品的出口依存度较高。我国近些年经济增长长期依赖于工业制成品的出口，其中鞋类、摩托车、小型家电等国内产能严重依赖于国外出口。其次，战略资源产品及高新技术的进口依赖度也在不断上升。由于新常态之前，我国外贸方式主要是粗放型，以劳动密集型产品的出口为主，所以长期历史原因导致我国对于资源型产品的进口依赖度偏高，特别是对原油、铁矿石、氧化铅等资源的进口依赖非常严重。而近几年我国出口自产商品中所需的高新技术产品部件的比例有所上升，因此对于高新技术的进口依赖也有所加剧。

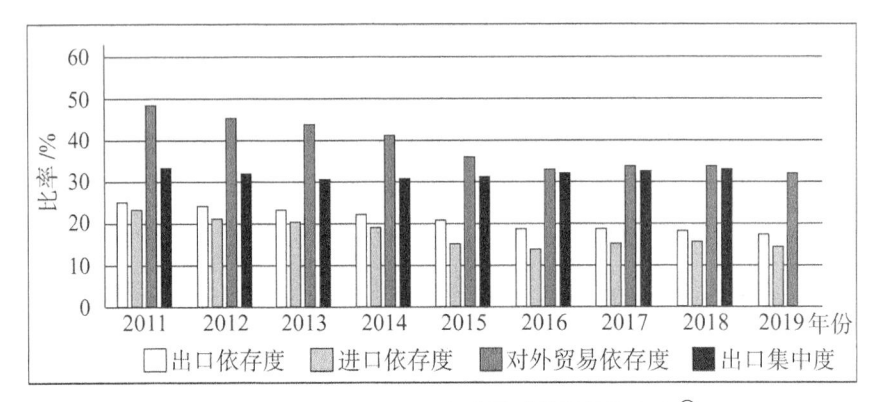

图 5-1-1　2011—2019 年我国对外贸易依存度[①]

资料来源：由中国经济信息网有关资料整理而得。

注：2019 年出口集中度数据缺失。

在出口集中度方面，2011—2016 年间，我国前四大出口对象国依次是美国、日本、韩国以及德国，但在 2017—2018 年间，我国前四大出口对象国发生调整，前三位依旧是美国、日本、韩国，而第四大出口对象国由过去的德国转变为越南，因此 2017—2018 年间，我国前四大出口对象国依次是美国、日本、韩国以及越南。而自"十二五"规划以来，我国在出口方面，除了前四大出口对象国组成发生变化以外，出口集中度自 2013 年以来呈现出逐年递增的趋势。出口市场的不断集中虽然有利于我国与主要贸易对象国保持稳定、长期的经贸关系，形成更为紧密的国际分工体系，但不断加强对国外局部市场的依赖不仅易使我国产品遭受各种贸易壁垒与制裁，同时也会削弱我国产品出口应对国际市场突变以及防范化解突发事件

[①] 进口依存度主要衡量一国经济对进口的依赖程度，该比值越高，则当年一国对国外关键原材料或零部件或设备的依存度越高，产业中本土资本部分的控制力越弱，进口依存度＝进口总额/国内生产总值×100%；出口依存度主要衡量一国经济对出口的依赖程度，该比例越高，则当年该国对国外市场的依存度越高，产业中本土资本部分的控制力越弱，出口依存度＝出口总额/国内生产总值×100%；贸易依存度主要衡量一国经济发展对对外贸易的依赖程度，贸易依存度＝进出口总额/国内生产总值×100%；出口集中度主要衡量一国在考察期内对前四大出口对象国出口总量占该国出口总量的百分比，该指标越高，则该国出口受外部影响越大。并且本研究中，该指标中出口对象国的考察范围不包括欧盟、东盟等地区性组织。

的能力,进而危及产业安全甚至是国家经济安全。

除贸易方式外,我国实体产业安全在外资利用方面也存在诸多隐患与风险。例如,通过外商直接投资(绿地投资)、外资并购(包括股权投资与证券投资)等方式,外方经济体可以通过多样化并具有针对性的国际资本引入方式对我国实体产业及其运作产生影响。基于数据可得性,此部分主要对我国实体产业中制造业的外商直接投资情况予以分析。如图 5-1-2 所示,我国制造业对外商直接投资依存度在 2011—2017 年间呈现出逐年下降的趋势,这说明,其间我国制造业中本土资本的整体控制力在逐年改善。在 2017—2018 年间,该指标略有上扬。而与利用外商直接投资的总量分析相比,更重要的是结构性分析,即深入窥探我国外资投放的具体领域及其变化以及其对我国产业结构安全产生的影响。此部分分析我们将在下一部分产业结构安全中详细展开,此处不予赘述。

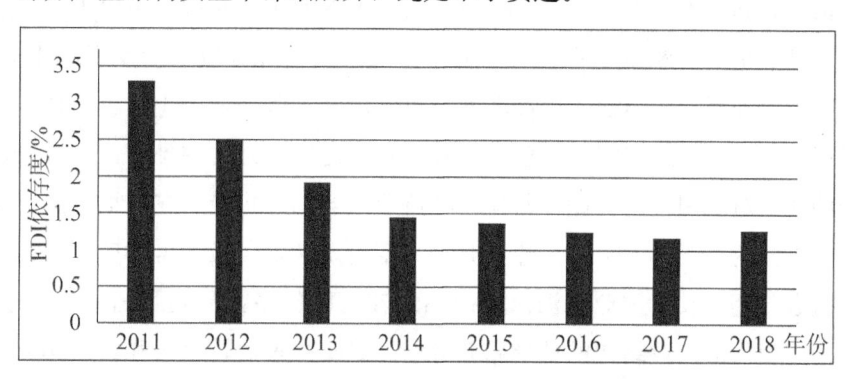

图 5-1-2　2011—2018 年我国制造业 FDI 依存度[①]

资料来源:由中国经济信息网、《中国统计年鉴 2019》有关资料整理而得。

(二) 市场控制

在市场控制力方面,如图 5-1-3 所示,我国规模以上内资工业企业在 2011—2016 年间市场占有率呈现出逐年递增的趋势,表现为我国规模以

---

① FDI 依存度＝一国在考察期内某产业外商直接投资额/当年本产业固定资产投资总额×100%,该比例越高,则考察期内该国本产业对外商直接投资的依存度越高,产业中本土资本的控制力越弱。

上内资工业企业的市场控制力在"十二五"规划期间呈现出不断走强的态势。但是自 2016 年以来，我国规模以上内资工业企业的市场控制力出现下挫趋势，从 2016 年的 78.4% 下降至 2018 年的 76.1%，恢复至 2012 年之前的水平。

关于 2016 年以来，我国规模以上内资工业企业营收比例降低的原因，可从以下两方面予以分析：一方面，从外资利用角度看，尽管在国际产业转移的新背景之下，全球跨国投资总量同期不断缩减，而我国 2016 年实际利用外资规模仍然居高不下，高达 1260 亿美元，同比增长 4.1%。[①] 优质外资的不断注入自然会加剧行业内市场竞争，抢占内资企业市场份额，并挤占其生存空间。另一方面，随着同期国内经济下行压力的初步呈现，市场需求不足导致企业生产和销售明显减速，且工业品价格持续下降，进一步加剧了企业效益下滑，外加流动资金紧张等原因，工业企业生产经营压力倍增。同时伴随着"三去一降一补"政策的实施，我国规模以上工业企业，尤其是部分效益较差的内资工业企业的主营业务收入所受影响更大。在以上内外因素相结合的背景之下，我国内资工业企业的生产经营压力与日俱增。从产业组织安全的角度来看，我们需要格外关注外资以及外资品牌的注入对我国本土行业，尤其是制造业市场的冲击及影响。而一旦外资企业在国内市场不断走强，甚至拥有一定的垄断地位及影响力时，跨国公司就会长期将其母国业已淘汰的产品以较高的价格投放到我国国内市场，进而产生国际产业结构的低转移现象[②]，如此一来，转出国和转入国之间的产业级差会进一步扩大，不利于我国产业结构优化与升级。因此，我们在看到外商产品占据一定市场是我国利用外资的必然结果的同时，也应该看到外资企业市场份额的扩大对我国民族企业的压制和竞争压力。长此以

---

① 数据来源：http://www.mofcom.gov.cn/article/tongjiziliao/v/201702/20170202509836.shtml。

② 低转移现象即转出国必定是将相对过时的或绝对成本优势丧失的产业转移出去，而将刚刚成长起来的新兴产业或具有绝对成本优势的产业保留下来继续发展，由此产生了转出国和转入国之间的产业级差。

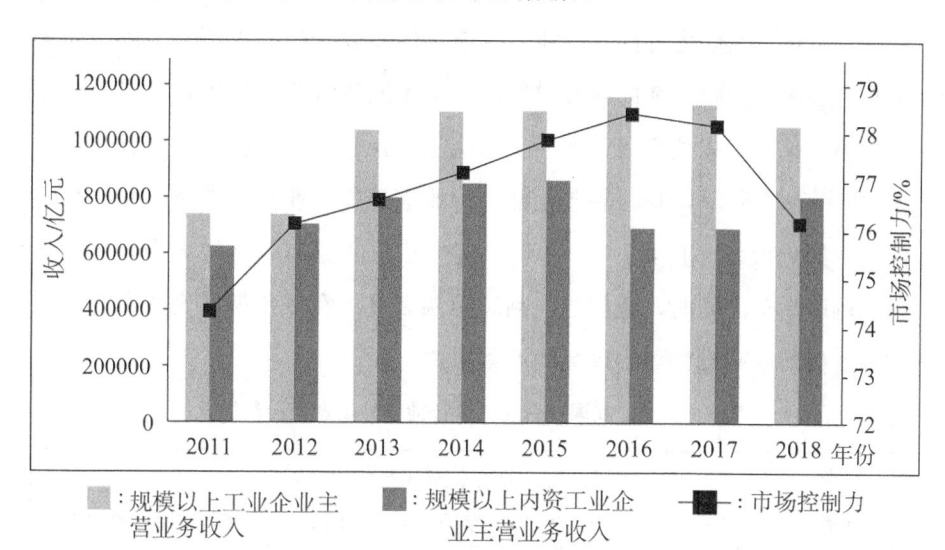

往，我国本土的产业安全必将受到巨大的威胁。[1]

图 5-1-3　2011—2018 年我国规模以上内资工业企业市场控制力[2]

资料来源：由中国经济信息网、《中国统计年鉴 2019》有关资料整理而得。

（三）品牌控制

我国自改革开放以来，为促进国内经济发展以及完善经济结构，一直在逐步开放并优化外资引进的政策。国务院于 2019 年 12 月公布的《中华人民共和国外商投资法实施条例》在同年 3 月颁布的《中华人民共和国外商投资法》基础之上，进一步确立了继续打开国门、引进外资的基调与方向。诚然，外资引入能够对国内市场竞争以及企业发展产生一定的积极外溢效应，但外资引入之后，对我国国内企业，尤其是民族品牌也带来了不小甚至是致命的冲击与挑战。外商竞争、淘汰国内企业，抢占国内市场份

---

[1]　李孟刚. 产业安全评价[M]. 北京：北京交通大学出版社，2015：120.

[2]　市场控制力主要衡量的是产业中本土资本部分的市场控制力，在本研究中，主要采用内资企业市场占有率来衡量市场控制力。在一定时期内，内资企业市场占有率越高，则产业内资部分的市场控制力越强。内资企业市场占有率＝规模以上内资工业企业主营业务收入/规模以上工业企业主营业务收入×100％。

额的一种常见手段就是品牌控制。而我国相当一部分国内企业由于在品牌管理、市场创新能力方面发展滞后，技术研发以及产品更新都与国外先进水平存在很大差距，在同期面对优质外资不断涌入的背景下，大量原本已经积累了长期市场优势的民族品牌不堪重创、节节败退，最终走向衰落。如表5-1-1所示，我国制造业部分行业被外资企业控制的情况着实令人担忧，如化妆品行业中，"大宝""小护士""丁家宜"等被大众熟知的品牌也难以幸免。同时，我国当前品牌控制多集中在低价值的大众市场，而在高价值的中高端市场中国品牌严重缺位。

表5-1-1 我国制造业部分行业被外资企业控制情况

行业	外资品牌控制行业情况
啤酒	60多家大中型企业只剩下青岛和燕京两个民族品牌，其余全部合资
玻璃	最大的5家企业已全部合资
化妆品	被150家外资企业控制
医药	由20家外资企业控制
汽车	外国品牌销售额占总销售额的90%
家电	18家国家定点企业中有11家合资

资料来源：李孟刚. 产业安全评价 [M]. 北京：北京交通大学出版社，2015：122.

除了受到外资涌入的直接冲击外，我国还有一部分国内企业是在与外资选择合作的过程中，由于对自有品牌并不重视，缺乏相应的保护，而最终被外资企业"利用"，导致自己辛苦经营并传承下来的传统品牌被外资企业收入囊中。而一旦在国内某一产业领域中，外资掌握了国内品牌控制权与话语权之后，通过一系列营销手段，极易在潜移默化之中使得国人对外国入驻品牌及商品产生认同心理，而在经济全球化以及网络电商高度发展的背景之下，这种对外国商品品牌忠诚以及对民族产品的歧视将不再被局限在国门之内，而一旦如此，外资对我国产业安全的负面影响就不再是短期能被平息下来的。

（四）技术控制

在技术控制方面，如图 5-1-4 所示，我国规模以上内资工业企业在 2011—2018 年间在自主科技研发方面的重视程度及投入不断得到提升，规模以上工业企业技术依存度不断降低，这表示我国规模以上工业企业对国外引进技术的依赖性有所降低（但同时，也可能是由同期我国从外部获取技术并以此提升自身技术水平的难度有所增大所致），而同期我国规模以上内资工业企业的专利占比也在"十二五""十三五"期间呈现出逐年上升的趋势，从 2011 年的 74% 上升到 2018 年的 83%。

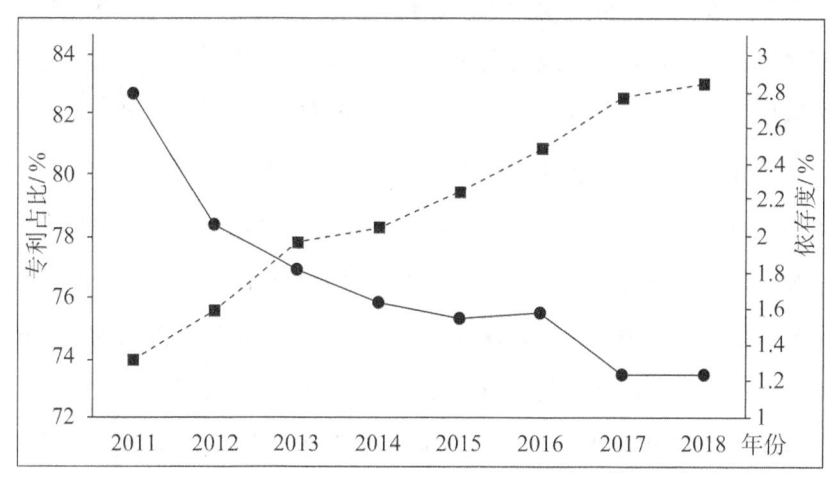

图 5-1-4　2011—2018 年我国规模以上内资工业企业专利占比[①]以及规模以上工业企业技术依存度[②]

资料来源：由中国科技部、国家统计局、EPS 有关数据整理而得。

[①] 内资工业企业专利占比＝内资工业企业有效发明专利数/工业企业有效发明专利数，产业中内资企业专利拥有量越多、占比越大，则产业中内资部分的技术控制力越强。本指标数据主要截取于规模以上工业企业情况。

[②] 工业企业技术依存度＝工业企业所有技术引进费用/工业企业科技总投入，而工业企业科技总投入＝工业企业 R&D 经费内部支出＋工业企业 R&D 经费外部支出＋项目经费支出＋新产品开发经费支出＋引进技术经费支出＋消化吸收经费支出＋购买国内技术经费支出＋技术改造经费支出。该比例越高，则产业中内资部分的技术控制力越弱，同样，本指标数据主要关注规模以上工业企业情况。

然而，从专利研发企业的分布结构来看，我国实体产业研发强度呈现出行业集中的特点，如2019年间，根据中国企业联合会估算，同年我国制造业企业500强、我国企业500强的企业平均研发强度分别约为2.12%以及1.60%。而专利拥有数量最多的企业主要分布于个别高新技术企业、大型资源能源型企业、航空航天企业以及传统大型家电企业中。而从研发强度来看，如表5-1-2所示，这些拥有专利数量最多的10家企业中，除了华为控股和北京电控的研发强度分别是15.32%和5.05%外，其余企业研发强度都相对较低，如传统大型家电企业，海尔、美的、格力集团等企业研发强度较为接近，仅在2%~4%。而中国石化、中国五矿等大型国企集团，尽管在我国制造业企业500强排名中分别居于首位与第六位，但是其研发强度排名却居于后位。除此之外，在我国工业企业中，中小型企业的研发投入和产出就更加少，不仅体量小，而且效益低。这些企业一方面是自主研发能力、动力不足，研发强度不高，另一方面又要面临国内外市场的竞争与压力。最终通过技术引进或者通过合资"以市场换技术"成为更多国内中小企业在技术突破层面的唯一出路和选择。但是实践表明，引入、利用外资给合资企业带来的新技术似乎并没有显著提升企业的国际竞争力，这主要是因为：一方面，外商引入或转让的大多是针对我国国内市场所谓的"适用性技术"，而这些技术在国际上仅仅是二、三流，甚至是趋于淘汰的技术，真正的高新技术、上游环节技术、产品开发技术却很少在我国转让或引入；而另一方面，随着外资入驻我国市场越来越倾向于独资或者控股，我国产业获取技术或进行技术提升的难度越发增大。同时由于我国企业消化、吸收、效仿能力有限，最终导致国内引进技术产生的外溢效应十分有限。由此可见，我国企业利用外资获得先进技术、提高技术竞争力的愿景远远没有实现。[1]

---

[1] 李孟刚. 产业安全评价 [M]. 北京：北京交通大学出版社，2015：122.

表 5-1-2　2019 年中国制造业企业 500 强研发及专利情况

拥有专利总量排名	中国制造业企业500强排名	企业	研发强度/%	拥有专利数量/件	发明专利数量/件
1	3	华为控股	15.32	87805	数据不详
2	72	北京电控	5.05	60000	15000
3	23	美的集团	3.82	46831	8570
4	1	中国石化	0.41	38305	26779
5	22	海尔集团	2.98	36538	20684
6	11	航空工业	5.40	30667	16265
7	6	中国五矿	1.72	27187	7740
8	37	格力电器	3.49	26406	数据不详
9	24	航天科工	9.89	23893	14116
10	29	中国中车	4.94	21219	数据不详

资料来源：中国企业联合会、中国企业家协会编《2019 中国 500 强企业发展报告》。

较之以上较为间接、缓和的技术控制手段，在当前复杂的贸易博弈以及世界变局大背景之下，我国战略、高新技术产业领域所面临的来自国际层面的技术限制局面更为不利甚至是严峻。2019 年 9 月，美国从大国竞争战略布局的视角对中美竞争的核心领域[①]进行了重新、全面评估，并明确禁止向我国转移相关核心技术和知识产权，同时也对我国企业在这些领域的国际投资以及跨国并购进行限制。然而我国当前一些产业供应链在技术层面依然过于依赖发达国家，这又会连带产生更令人担忧的安全风险问题：如发达国家可以利用这些供应链获取我国的民用或军事技术及产品，或者切断供应链，遏制我国相关高新技术发展。[②] 很明显，基于大国竞争

---

① 该次中美竞争的核心领域被定义为人工智能、量子信息技术、高性能计算、生物技术、机器人技术、纳米技术和半导体技术。

② 刘如，陈志. 大国竞争时代现代产业体系的三重螺旋战略框架研究[J]. 中国科技论坛，2020（8）：33—42.

时代的特征与挑战，这种系统性产业安全威胁已逐步上升到科技安全层面，并已然对我国国家发展以及安全稳定构成威胁。

二、我国实体产业结构安全现状

依据产业经济学理论，一国产业结构是一国在社会再生产过程中的产业构成及运作状态，其内容具体包括资源在产业间的配置结构及比重，各产业在宏观经济中所占比重，以及各产业之间互相依存、互相作用的方式。一个已经被诸多国家发展实践所证明的事实是，产业结构与经济增长之间存在着非常紧密的联系，一方面，产业结构的优化与升级对一国或一地区的经济增长产生促进作用，另一方面，经济发展也会反作用于产业结构的加速优化与升级。因此，在一个开放的经济环境中，产业结构安全是指一国或一地区内各产业部门处于相互协调、和谐发展、可持续增长的状态，其中，该国支柱、战略产业由本国资本掌握与控制且在开放国际背景下该类型产业拥有较强的国际竞争力；同时，该国产业结构的持续优化、升级并不依赖于国外资本利用以及国际产业转移，自身能够防范、化解来自国内外的一系列冲击及不利影响。一国安全、健康的产业结构可直接积极影响一国经济在国际市场中开展长期竞争的实力和潜力。相反，一国产业结构不安全可表现为如下方面：一国要素资源在各个产业部门之间的配制比例失衡导致支柱、新兴产业可持续发展的供给渠道中断，产业间的协调能力差，关联程度低，各个产业结构占比不合理且优化升级速度缓慢等。接下来，我们就对我国现阶段产业结构安全状况予以分析。

（一）产业结构安全的整体评价

在产业结构升级方面，如图5-1-5所示，从三次产业对GDP的贡献率来看，自"十二五"规划以来，我国第一产业对GDP的贡献率呈现出较为稳定的波动状态，常年稳定在3.8%~5%。而同期第二产业对GDP的贡献率则基本呈现逐年递减的趋势，从2011年的52%下降至2017年的34.2%，而在2017—2019年间该指标略有上扬，从2017年的34.2%上调至2019年的36.8％。相较于第一、第二产业情况而言，第三产业对GDP贡献率的演变情况更为清晰，在2011—2018年间，第三产业对GDP的贡献率呈现出单调逐年上升趋势，从2011年的43.9％上升至2018年的61.5％，而在2019年略有下降，下降为59.4％。值得注意的是，从2013年之后，我国第三产业对GDP的贡献率反超第二产业，一跃成为至今同期以内贡献率最高的产业。并且在第二产业与第三产业的对比中可以发现，在2013—2019年间，第二产业对GDP的贡献率与第三产业对GDP的贡献率呈现出"你升我降"的产业结构调整特点，这说明在第一产业对GDP拉动情况趋于稳定的情况之下，第三产业的高速发展及其对国家经济增长的拉动贡献均与第二产业的经济支撑密切相关。因此，整体来看，我国自"十二五"规划以来，三个产业结构得到了持续优化升级，并呈现出"以保障基础性第一产业发展为辅，以推动工业化第二产业和以服务化、高新技术化、智能化第三产业发展为主"的基本产业调整特征。然而，新时代经济高质量发展必然要求当前我国依然不可动摇以农业等基础产业为主的第一产业的国民经济基础地位，在此基础上，逐步推动工业产业转型发展，向同时具备"低层次"生活服务化和"高层次"技术服务化、智能化双重特征的第三产业稳步转换，唯有如此，方能缓解"人民日益增长的美好生活需要和不平衡不充分的发展之间的矛盾"。

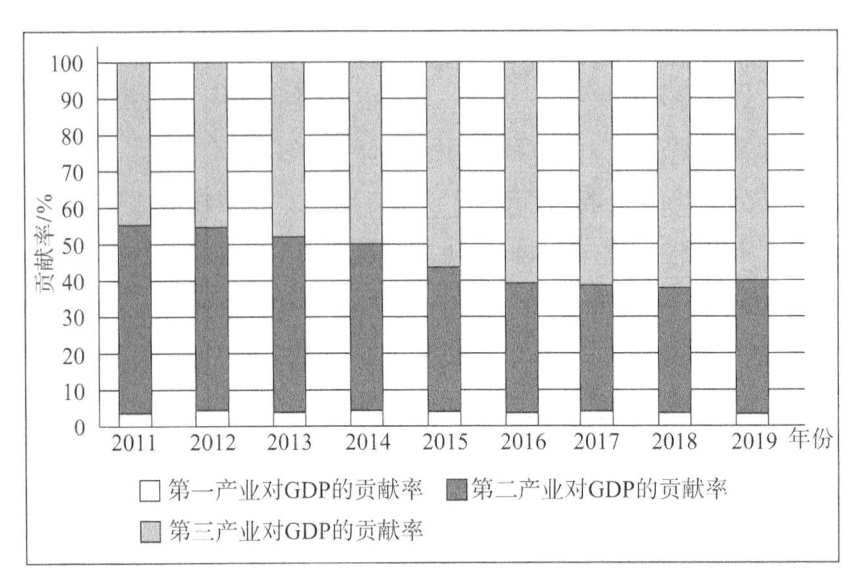

图 5-1-5　2011—2019 年我国三次产业对 GDP 的贡献率

资料来源：由中国经济信息网有关资料整理而得。

然而，在我国经济发展以及产业结构调整过程中，第一产业若要稳定发展，其中一个关键性问题就是新旧产业经济发展动能的转化与升级。在第一产业方面，第一产业产值比重持续较低甚至出现相对下降的趋势，并不意味着其国民经济基础地位弱化，反而更应该强调在该产业内以技术更新为主要手段来提升其产业生产效率，进而保障国家基本生活、生产物资供应。而在第二产业方面，原有第二产业多以劳动密集型、资本密集型技术为支撑，其中高新技术虽有局部体现，但也只是集中在关键核心领域，因此第二产业结构优化的一个当务之急就是，我国应如何保留原有第二产业中的高效、核心绿色生产动能并将其进一步升级强化，应如何对低效生产部门及其动能予以调整、升级甚至放弃，唯有以上两个问题解决了，我国产业结构的优化升级才能得以高质量维系。而在第三产业方面，由于我国当前第三产业多以低层次的生活服务业为主，而高技术含量的高新技术产业、人工智能化产业等成分依然相对较低，由于我国当前生活服务业以及相应市场接近饱和，因此，如何在第三产业中创造、引入或升级高新技术、智能化技术对其健康发展显得尤为重要。

综上所述，只有三次产业中的核心生产动能都得到及时升级转化，果断淘汰传统低端、低效技术，快速升级现有基本生产技术并持续强化核心技术创新才能真正推动新旧动能转换、产业结构的优化升级，产业结构安全才能得到进一步推动和维系。

（二）外资引入对我国产业安全的结构性影响

从外资引入对我国产业结构安全的影响来看，从表 5-1-3 中的企业数、投资总额、注册资本和外方认缴等方面可以看出，我国外资企业在"十二五"规划的早些年间更偏向于第二产业，但随着时间推移，呈现出逐渐向第三产业转移的趋势。尤其在"十三五"规划全面开启之后，外商投资企业在我国第三产业的投资，无论在企业数还是投资总额、注册资本以及外方认缴方面，均超过同年外商对我国第二产业的投资情况。需要关注的是，自国家发展改革委、商务部发布了 2017 年第 4 号《外商投资产业指导目录（2017 年修订）》之后，我国第一产业外商投资总额及外方认缴占比均较往年有显著提升。但从数量角度而言，农、林、牧、渔等第一产业利用外资占比仍然处于同期最低水平，这与第一产业在我国国民经济体系中所处的重要性地位不相适应。导致该问题出现的因素较为复杂。例如，在制度方面，以我国林业为例，由于制度限制我国企业和个人往往无法取得林地所有权，同时林地使用权的期限长短问题，均在不同程度上不利于外资进驻该产业。而在投资风险方面，由于第一产业（农、林、牧、渔）投资多属于长期投入项目，且其取得预期收益所需周期较长，进而提高了外商投资的不确定性。同时，由于第一产业所涉资源具有独特生态属性及公共资源属性，"公地悲剧"现象难以杜绝，针对此类问题，政府及相关部门行政管制也相对更加严格。同样以林业为例，我国南方集体林区的林业企业每年的采伐限额均必须通过逐级上报、逐级批复的方式来取得，诸如此类的集中管制在一定程度上使木材产业经营者受到限制，而对外资企业来讲，其所面临的政策环境可能更为复杂，这都会在一定程度上对外资企业在我国第一产业中的发展形成负面影响，不利于第一产业外资利用的优化及升级。

表 5-1-3 2011—2018 年我国外资企业产业分布（年底数）

产业分布		2011	2013	2014	2015	2016	2017	2018
第一产业	企业数占比/%	1.6	1.5	1.5	1.4	1.4	1.3	1.2
	投资总额占比/%	1.3	1.3	1.4	1.3	1.6	13.2	12.3
	注册资本占比/%	1.4	1.4	1.4	1.4	1.7	1.9	2.7
	外方认缴占比/%	1.5	1.5	1.6	1.4	1.9	2.1	3.2
第二产业	企业数占比/%	43.0	39.6	37.3	35.1	32.7	29.5	26.0
	投资总额占比/%	60.3	56.9	55.2	51.0	46.6	37.7	35.3
	注册资本占比/%	56.5	52.1	49.7	44.3	40.2	36.8	33.5
	外方认缴占比/%	55.0	50.8	49.0	43.7	39.7	36.4	33.0
第三产业	企业数占比/%	55.4	58.9	61.2	63.4	65.9	69.2	72.8
	投资总额占比/%	38.5	41.8	43.4	47.7	51.8	49.0	52.4
	注册资本占比/%	42.1	46.5	48.8	54.3	58.2	61.3	63.8
	外方认缴占比/%	43.5	47.7	49.5	54.9	58.4	61.5	63.8

资料来源：由中国经济信息网有关资料整理而得（无 2012 年数据）。

而在第二产业中，如表 5-1-4 所示，从我国引进外资按行业分类的投资额及其占比的演变趋势来看，我国第二产业中制造业的外资利用情况自 2011 年以来呈现出逐年走弱趋势，然其比例依旧在同产业中处于最高水平，而采矿业和电力、热力、燃气及水生产和供应业的投资比重较低。同时，我们需要关注的是，制造业利用外资比重及规模在近年来的持续显著下降，对我国一些传统制造业聚集的地区经济发展及就业产生较大冲击，削弱了这些地区的制造业竞争力，降低了技术持续升级的速度。当然，在分析外商投资对我国产业结构升级的影响时，也不能忽视我国产业自身存在的问题及不足。资本逐利的本质决定了它将在全球范围内寻求最高利润，而不会考虑其对东道国的产业结构、就业、资源环境等方面带来的影响是否合理。我国制造业目前面临的最大问题就是，无论是核心技术还是产品质量等方面均与发达国家存在较大差距，这又反过来降低了我国制造业对外资的吸引力。以作为我国智能制造的基础产业——机床产业为例，我国自2009年起就是该产业的全球第一大生产供应国，但是我国机床的国际竞争力较低，在我国近几年的机床贸易中，逆差最大的便是高端机床，"大而不强"的顽疾久久得不到整治。正由于高端制造业供给能力不足，降低了外商投资的期望值，外商不愿意在推动我国制造业升级方面耗费过多时间及成本，而在相同的投资成本下，其无疑更倾向于向那些高端制造业技术成熟的国家投资。国际投资的这种地域性特征更多的是基于东道国自身的产业发展现状，最大可能地利用东道国现有的比较优势来获取更多潜在利润。而我国现有的比较优势依旧集中在资源或劳动密集型产业方面，若想诱导外商直接投资进入我国最迫切希望推动、发展的产业，促进我国产业的长期可持续优化和升级，还需要我国对自身产业结构进行调整和优化。

而在第三产业内部，从外商投资对第三产业的实际投资来看，在房地产业、租赁和商务服务业以及金融业所占比重相对较高，例如在2018年第三产业中，外商投资在上述行业的实际投资占比高达29.45%，尤其值得注意的是，其中金融业中的外资利用在近些年增长速度较快，从2011年的1.80%上升至2018年的5.41%。这不仅在挤占实体产业发展所需的外资利用资源，同时较大程度的金融外资流入，也会给金融体系带来风险进而影响到我国实体经济稳定甚至对国家经济安全产生威胁。

表 5-1-4　2011—2018 年我国按行业分类外商投资实际投资情况

行业	2011年 投资额/亿美元	比重/%	2013年 投资额/亿美元	比重/%	2014年 投资额/亿美元	比重/%	2015年 投资额/亿美元	比重/%	2016年 投资额/亿美元	比重/%	2017年 投资额/亿美元	比重/%	2018年 投资额/亿美元	比重/%
农、林、牧、渔业	375	1.26	444	1.27	522	1.38	609	1.34	814	1.59	9136	13.25	9549	12.29
采矿业	165	0.55	172	0.49	183	0.48	195	0.43	199	0.39	215	0.31	221	0.28
制造业	15595	52.35	17342	49.46	18329	48.28	19904	43.87	20223	39.49	21576	31.29	23084	29.72
电力、热力、燃气及水生产和供应业	1476	4.95	1695	4.83	1779	4.69	2135	4.71	2364	4.62	2985	4.33	2792	3.59

续表

行业	2011年 投资额/亿美元	比重/%	2013年 投资额/亿美元	比重/%	2014年 投资额/亿美元	比重/%	2015年 投资额/亿美元	比重/%	2016年 投资额/亿美元	比重%/	2017年 投资额/亿美元	比重/%	2018年 投资额/亿美元	比重/%
建筑业	713	2.39	761	2.17	669	1.76	888	1.96	1091	2.13	1251	1.81	1308	1.68
交通运输、仓储和邮政业	1078	3.62	1319	3.76	1375	3.62	1593	3.51	1717	3.35	1971	2.86	2061	2.65
信息传输、软件和信息技术服务业	912	3.06	980	2.79	700	1.84	1417	3.12	1675	3.27	2154	3.12	2570	3.31
批发和零售业	1295	4.35	1962	5.60	2368	6.24	3084	6.80	3539	6.91	4140	6.00	4879	6.28
住宿和餐饮业	378	1.27	375	1.07	375	0.99	411	0.91	532	1.04	549	0.80	569	0.73
金融业	536	1.80	871	2.48	1002	2.64	1543	3.40	2376	4.64	3220	4.67	4203	5.41
房地产业	3999	13.42	4991	14.23	5587	14.72	5997	13.22	6576	12.84	7975	11.57	8556	11.01
租赁和商务服务业	1601	5.37	2097	5.98	2628	6.92	4505	9.93	5964	11.65	8112	11.76	10119	13.03
科学研究和技术服务业	1140	3.83	1474	4.20	1775	4.68	2283	5.03	3118	6.09	4276	6.20	5924	7.63
水利、环境和公共设施管理业	193	0.65	213	0.61	249	0.66	275	0.61	329	0.64	481	0.70	590	0.76
居民服务、修理和其他服务业	102	0.34	117	0.33	132	0.35	162	0.36	182	0.36	244	0.35	380	0.49
教育	10	0.03	11	0.03	11	0.03	10	0.02	12	0.02	74	0.11	83	0.11
卫生和社会工作	29	0.10	38	0.11	53	0.14	78	0.17	136	0.27	192	0.28	258	0.33
文化、体育和娱乐业	192	0.64	204	0.58	230	0.61	277	0.61	368	0.72	402	0.58	531	0.68

资料来源：由中国经济信息网有关资料整理而得，缺少2012年数据。

第二节　新阶段下维护我国实体产业安全的制度建设

一、维护我国实体产业安全的法律建设

综上所述，影响我国实体产业安全的因素众多，涉及诸如国外资本输入、国际市场依赖、国外货物侵入、国内核心技术升级、重要能源及原材料的稳定获取等。因此在维护我国实体产业安全方面，我国所涉及的法律范围也较广，从横向来看，其主要涉及对外贸易以及外资利用两方面：在对外贸易方面，现行《对外贸易法》是我国政府综合管理对外贸易的一部基本法，同时辅以《外资企业法》《货物进出口管理条例》《技术进出口管理条例》《关税管理条例》以及以"两反一保"① 为主体的贸易救济措施，以维护我国实体产业安全。而在外资利用方面，在外资并购环境下，我国当前涉及实体产业安全的立法体系主要由外资准入立法（具体包括《外资企业法》《中外合作经营企业法实施细则》《外商投资产业指导目录》《指导外商投资方向规定》等）、反垄断法、证券法以及国家安全审查制度构成。而从纵向来看，我国实体产业安全立法主要构建了主导产业和重点产业的安全保护法律体系，建立了国内特定产业保护制度，重点且敏感产业诸如能源业、农业均有相应的产业安全法律制度予以保护。

（一）我国实体产业安全立法现状

从整体来看，我国实体产业安全立法存在融贯性不足的问题，甚至部门与部门之间存在理念的冲突。从促进经济发展以及维护经济安全的角度来看，是要积极推动对外贸易还是要对国内产业施加贸易保护这一问题，不仅存在于产业安全的维护层面，同样存在于整个国家经济安全的维护层面。在此基础上，其具体又可延伸为相关安全部门的法律独立性得不到认可。在执法主体方面，由于实体产业安全保障本身涉及的范围与主体就是

---

① "两反一保"主要指包括《反倾销条例》《反补贴条例》《保障措施条例》等在内的贸易救济措施法律制度。

跨部门、跨领域的，所牵扯的利益主体千千万万。从产业安全的横向立法来看，涉及的执法部门包括商务部、海关系统以及国务院关税税则委员会等，而从纵向立法来看，涉及的执法部门主要与各产业有关，例如工信部、自然资源部、国家能源局、农业农村部、林业和草原局等。解决这样的综合性问题需要一种跨部门的架构来完成，但是机构设置问题极其复杂，牵一发而动全身，而我国在这方面的机构设置在目前看来还是不完善的。

在对外贸易安全立法层面，执行程序方面存在一些问题，例如我国目前反倾销调查申请主体规定尚不明晰。我国现行《反倾销条例》规定：国内产业或者代表国内产业的自然人、法人或者有关组织，可以提出反倾销调查的书面申请。此规定关于调查申请主体的界定有些模糊，与WTO的透明原则有些抵触，容易出现尺度不一致的情况。除此之外，我国《反倾销条例》在调查程序的时间规定方面、裁决细节性的规定方面、受案范围方面均存在一些程序问题。

而在外资利用安全立法方面，最突出的问题就是我国外资准入立法没有区分新建投资与并购投资，这种立法模式忽略了新建投资和并购投资对产业安全的不同影响，进而在外资准入安全防范方面缺乏针对性。相比较而言，新建投资对民族经济和民族工业的威胁更多的是境外投资者凭借其优越的技术、资金、信息等条件通过市场竞争间接予以实现；而并购投资中，外国投资者则凭借其各方面优势条件直接并购我国国内企业，进而对我国民族经济和国家经济安全产生直接影响和威胁。我国当前外资引入立法可能对国内相应产业带来冲击与风险，例如一些高新技术产业的鼓励性外资引入政策有可能在某些基础、重要行业中，对我国企业推进的相应自主技术研发工作产生不利影响。另外，当外资进驻我国之后，在利润驱动之下其必然追求包括市场控制、技术控制、品牌控制等在内的"外资产业控制力"。因此，在这个过程中，尤其对于我国具有战略意义的某些产业，可以开展一定的事先审查，减少国家安全审查的压力。但是，我国当前的《反垄断法》仍然属于一个框架性的法律文件，原则性和弹性的规定比较多，因此，需要颁布具体的实施细则。由于缺乏配套细则，《反垄断法》的实际操作性并不理想。

(二) 我国实体产业安全立法的完善思路

针对以上问题，中国实体产业安全法律应当单独构成一个法律部门，这并不意味着要重新开展大规模的立法活动，而是强调从维护国家经济安全、实体产业安全的角度，构建自己的宗旨、目的、法律原则和整体结构，在整合现有法律的基础上修改相关条款，并进行补充立法，进而从整体上构建一个具有融贯性的中国产业安全法律体系。在执法主体方面，我国当前的中央国家安全委员会属于议事协调机构，而非行政机构，而从法理上讲，一个强而有效的执法机关应该是行政机关和司法机构负责执行，因为只有这样才能有相应完善的行政救济和司法救济。鉴于此，建议以我国现有国家安全委员会为中心，再辅以成立一个国务院直属的专门机构即国家产业安全办公室来执行相关法律体系，进而形成合力以全面维护我国国家实体产业安全。

从横向层面看，实体产业安全立法的完善思路如下：在对外贸易安全立法方面，对于现有的、一些执法实践方面所存在的问题及漏洞，可根据现实需要逐一进行修订及补充，由于受篇幅、时间限制，我们重点关注外资利用安全方面的立法完善问题。首先，在我国外资准入立法方面，当务之急应该对进入我国的新建投资与并购投资加以区别对待，并对其施以不同产业安全政策。在这方面，可以参照国际上一些国家的已有经验来予以操作。如日本，一般情况下，当外商在其自由化产业领域开展绿地投资时，仅实行申报制度即可，而如果该投资项目被认为有可能会对本国经济发展、国家利益和公共安全构成威胁时，则需要进行个别审查；对于进入其国内非自由化产业领域的任何投资项目，无论是绿地投资还是并购投资，均须实行严格审批制度；而在所有产业中，如果现有企业开展外资并购活动，则同样实行个别审查批准制度。其次，对现有《外商投资产业指导目录（2017年修订）》加以修订，对其中涉及国家安全和国民经济命脉的重要行业和关键领域的外资并购投资设置较高的准入门槛。例如，在禁止类项目中增加有关各类稀有矿产资源开发项目的外资准入，并将我国支柱性产业和战略性产业中的部分行业、部分重要公用事业（如水、电、煤气的生产及供应等）从以往的鼓励类、允许类升级为限制类。此外，针对我国现行《反垄断法》实际操作性差的问题，相关部门应尽快出台与《反垄断法》配套的法律法规、部门规章以及反垄断指南，同时还要对现行《反垄断法》中的一些模糊概念加以明确界定，而在此过程中，尤其要注意配套细则的制定必须与现有相关法律、规定保持一致，还要注意立法过程中的协调性问题。

最后，当外资在我国国内开展并购行为，且其并购对象是上市公司时，则还需受证券法约束。除此之外，在我国外资对上市公司进行收购主要受《上市公司收购管理办法》以及《外国投资者对上市公司战略投资管理办法》管理与约束。毫无疑问，以上法律框架对我国现有外资并购国内上市公司实体产业安全方面的保障作用是卓有成效的。但是其当前主要是由各部委所进行的前置审批程序来予以完成。这些前置审批程序政出多门，缺乏系统统一性和协调性，往往导致外资并购活动无法得到进一步开展。例如，证监会相关前置审批工作主要涉及全面要约收购义务的豁免审核程序方面，而该豁免审核程序与商务部主要负责的外资产业政策等审批程序之间在当前程序设计上存在因果循环矛盾，进而导致外资收购过程由于程序不能自洽而无法继续开展。因此，应该加强对目前外资收购上市公司时各种前置审查程序的协调安排。可考虑，证监会与商务部对外资收购的上述程序进行协调，且外资并购申请主体应同时向这两个主管部门提交收购或认购协议以开展联合审批，两部门以联合发文的形式予以批复，以规避上述程序不能自洽的问题。

二、新阶段下促进我国实体产业安全的政策侧重点

在新阶段复杂、多变的背景下，如果我国产业长期内不具有国际竞争力，市场的进一步开放会对我国产业安全产生不利影响。我国各级政府以及所有行业、所有企业在维护我国实体产业安全方面，都肩负着不容推卸

的责任。具体而言，在促进我国实体产业安全的具体政策实施方面，我们应从以下方面予以着力。

(一) 促进我国实体产业组织安全的政策着力点

首先，坚持适度保护的贸易开放政策。结合当前时代背景与特点，我国应制定合理的贸易导向政策。在一定时期内，我国贸易政策基调仍然是开放的，但适度保护也是必要的。因此，开放是前提，而贸易保护是在开放基础上的保护。在当前经济全球化背景之下，一个国家融入国际市场的程度和范围，是衡量该国经济发展水平的重要标志之一。我国若要进一步提升自己的经济体量，就必须参与到国际市场的竞争中去，但是在享受经济开放带来成果的同时，我们也须考虑开放市场对我国国内某些特殊产业产生的不利影响，甚至是风险冲击，因而对我国一些敏感产业、幼稚产业予以适度动态保护是极其必要的。通过适度贸易保护政策在国内构建一个庞大市场，对于敏感性企业的竞争力培育极其关键，让其在国内相对温和的市场环境下壮大并成熟后再去参与高水平的国际竞争，对于我国企业公平参与国际竞争以及提高我国产业组织安全与稳定非常必要。

其次，不断强化我国民族企业创新意识及能力，全面提升其行业竞争力及国际影响力。在当前信息技术时代，一个企业的创新意识及能力直接决定该企业的生命力及产品竞争力。为此，对于民族企业而言，可从制度创新、技术创新及管理创新等角度多管齐下，全面打造、升级自身创新体系，尤其在技术创新层面，注重对新材料、新技术、新工艺的应用和研发，将民族特色融入现代产品的设计及生产过程，提升自有品牌在行业内的竞争力与影响力，这也是民族企业创新工程的目的所在。对于政府而言，按照市场客观经济规律，组建能与外国跨国公司相抗衡的大企业和企业集团，迅速提升中国民族企业的综合实力。在外资引入的过程中，注重增强外商投资的技术含量引入，切实落实并增强"市场换技术"方针及其实效，同时加强技术引进后的吸收消化，以降低外资技术控制度。同时，政府在引进外资时，可制定灵活的引资措施，既要通过跨国公司的竞争，形成符合行业特征的市场结构，又要力求引资渠道的多样化，以提高我国民族企业的适应性与竞争力，为我国民族企业尽量创建一个公平的竞争环境以供其成长、壮大。

最后，实施大企业集团战略，增强产业主体的国际竞争力。实践表明，跨国公司所实行的策略性行为主要体现为现代市场中大企业之间的竞争。一国国内如果没有一定数量能和外国跨国公司相抗衡的大企业集团，则很难在激烈的竞争中确保本国产业组织安全乃至整个国家经济安全。为应对外资涌入对我国国内企业带来的冲击及影响，我国可根据不同的产业发展需要，合理确定各产业投资规模起点，限制小规模项目分散、重复建设，对现有企业实施兼并、重组，促使产业主体从传统中、小企业向大型企业集团转变，提高资本集中度，优化规模实体，强化行业竞争力。同时，我国也要鼓励国内资本走出去，通过我国自己的跨国公司抵御外国跨国公司对我国产业、市场可能造成的垄断。我们也要注意在外国资本进入我国市场成为必然之时，在新建投资方面，如果国内企业尚未发展成熟，可考虑至少引入两个跨国公司予以竞争，避免形成垄断市场结构，为国内企业的发展争取空间，创建良性环境；在并购投资方面，尤其当外资并购对象是我国大型骨干企业时，则需要实施重点监控，以保证内资对企业的控制权，有效避免跨国并购对我国产业组织的整体影响，实现经济发展与维护产业组织安全的双重目标。

（二）促进我国实体产业结构安全的政策着力点

毫无疑问，引进外资、扩大出口等一系列对外开放政策对一国经济发展是非常有益的，但其也存在着危及国家产业结构安全等方面的风险与隐患。因此，要实现对外开放以及维护产业结构安全的双赢，我们需从优化自身产业结构以及进一步完善外资利用政策两方面，内外结合着手提高维护国家产业安全的各项能力，切实保障我国产业结构安全。

首先，明晰新阶段背景下我国产业结构调整思路，多措并举推动实体产业结构升级。2020年新冠病毒感染疫情的全球暴发对各国经济的冲击已逐渐使欧美日等发达国家和地区清醒认识到"产业空心化"的风险及危害，它们陆续着手启动其制造业回归本国的方案与行动。同样，自此次疫情之后我国新阶段背景下的产业结构调整思路也越发明晰：以先进生产力创新驱动我国实体产业发展及产业结构升级。因此，一种开放自主、积极多元的创新平台搭建工作刻不容缓。未来我国应强调一种更加多元化、多渠道以及高效率创新生态系统的搭建及应用，加强企业、研究开发机构和高校之间的协同创新，由多元主体共同参与，协同推进创新发展。同时，为了防止"科技—经济"梗阻，政府相关政策的制定、落实必须兼顾经济效益，且应进一步扎实推进在知识产权保护方面的工作，通过清晰界定科研成果与知识产权的归属，激发各创新主体的创新积极性和创造热情。

其次，以新兴实体产业发展为着力点，推动我国实体产业结构转型升级。我们推进产业结构优化与升级，一方面是要对传统产业进行升级与改造，另一方面也要通过新资源、新要素、新技术带动新兴实体产业的发展。而在这个过程中，须注意以下两方面：（1）坚持传统产业与新兴产业的相互协调、共同扶持，传统产业为新兴产业发展提供必要物质基础，同时新兴产业又为传统产业发展提供导向引领以及技术支撑。发展新兴产业并不是一味求新，而是要结合我国客观条件与发展需要，在发挥当前我国传统产业优势的基础之上进行创新改造。（2）发展新兴实体产业的关键在于技术创新，而其具体实施思路可以通过区域创新并在区域层面整合创新资源来予以实现，通过提升京津冀、长江经济带、珠三角和粤港澳大湾区等区域科技创新能力，推进跨区域创新网络形成、互联互通多种创新要素融合以及联合组织技术攻关，通过区域协同创新共同体，加速我国新兴实体产业的创新驱动进程，进而加快对我国实体产业结构优化升级的整体带动进程。

最后，新阶段下促进我国实体产业结构安全转型须时刻关注支柱性产业的调整、发展以及强化。在我国逐渐步入经济新常态后，关于国家支柱产业的定位与结构也在悄然发生变化。宏观经济的持续走低意味着我国传统支柱性产业，如传统制造业以及房地产业已经很难维持其国民经济的支柱、带动作用，但由于它们仍然涉及我国基础民生等各方面，因此以上产业将逐渐转变为我国经济的常态化产业，而对战略性新兴支柱性产业必须及时发掘并进行重点培育、发展。结合我国当前的现实基础和客观发展需要，归纳起来，新兴支柱产业应该主要包括新兴战略产业（如新能源、新材料、生命生物工程、信息技术、人工智能等产业领域）、现代服务业（以消费服务业、商务服务业、生产服务业及精神服务业等为主）以及现代制造业（主要以航天航空制造、高铁装备制造、核电装备制造、特高压输变电装备制造、现代船舶制造等产业领域为代表）。由于目前我国尚处于进行经济结构调整的特殊时期，这些新兴支柱产业还没有发育成熟，仍处于发展、上升阶段。以上对于实现我国实体产业工业化起骨干作用的领域，以及体现国际产业技术发展前沿的产业，则可从国民经济计划角度给予重点投资与扶持。而在对外开放背景下，不仅要发展战略性、支柱性产业，使其成为吸收国际资源的优先领域，同时还要注意保护我国现有的支柱产业不受严重冲击。

第六章
新时期我国粮食安全现状及其制度建设

第一节 我国粮食安全现状

继20世纪70年代爆发了世界性粮食危机之后，粮食安全问题便引起了世界各国的普遍、高度关注。而我国作为农业大国，同时也是粮食生产、消费大国，解决全国人民的吃饭问题由始至终都是国家需要面对并予以解决的首要问题。粮食安全的概念最早正是由联合国粮食及农业组织（FAO）在20世纪70年代粮食危机爆发之后提出来的，当时FAO将"粮食安全"界定为：须保证在任何时候，任何人均能获得为了生存和健康而需要的足够食物。可见，FAO对于粮食安全的最早定义更倾向于对其数量方面的关注与考量，它要求各国政府高度重视世界粮食数量安全问题，采取相应的国家政策措施，消除粮食危机的隐患，确保国家乃至世界最基本的粮食安全。[1] 基于我国当前粮食安全的突出特点以及数据和资料的可得性，首先，本研究将"粮食"范畴界定为小麦、玉米、稻谷以及大豆四种主要的粮食品种；其次，尽管当前社会各界更倾向于从数量以及质量两方

---

[1] 何维达. 全球化背景下的国家经济安全与发展 [M]. 北京：机械工业出版社，2012：28.

面对粮食安全问题进行系统性分析与论述,但是考虑到经济安全的侧重点以及篇幅的局限性,本书重点从我国当前粮食安全问题的数量维度开展评估与分析,故我们接下来将分别从粮食生产、粮食流通、粮食需求以及粮食贸易四个方面对我国当前的粮食数量安全问题予以分析。

一、粮食生产安全现状

历年党中央、国务院都对国家粮食生产高度重视,坚持立足国内保障粮食基本自给的方针,尤其伴随着国家对"三农"问题的高度重视,如图6-1-1所示,除个别年份(仅2016年)轻微波动外[①],我国粮食生产自2004年起便进入到粮食总产量逐年上升的阶段,国内粮食供给能力逐年走强,从2004年的46947万吨增产至2018年的65789万吨。其中,玉米总产量在2000—2018年上升幅度最大,是推动粮食总产量逐年上升的最大动力来源,而稻谷及小麦的生产情况均保持大致稳定走势。2015年之前,我国大豆产量逐年下降,至2015年,我国大豆总产量跌至1237万吨,而自我国农业供给侧结构性改革起,伴随着同年玉米种植调减,我国大豆产量自2016年起略有回升,至2018年已波动上升至1597万吨。

而在我国各主要粮食单位面积产量方面,如图6-1-2所示,2000—2018年,我国主要粮食品种单位面积产量均呈现出波动式稳步上调态势,其中单产增幅排序依次是小麦(44.9%)、玉米(32.8%)、大豆(14.6%)以及稻谷(12.0%)。而从单产绝对水平来看,我国在近年来的稻谷单产能力最强,其次是玉米和小麦,最低是大豆。粮食种植单产及其增幅的变动主要取决于粮食种植条件、环境质量、农业生产资料、科技机械的优化与投入,此问题我们在稍后粮食生产的可持续情况中予以分析,此处不再赘述。

---

① 2016年我国粮食总产量轻微下降主要是由于我国进行了农业结构性调整的政策性变动,整体并不会对我国粮食安全造成较大冲击。

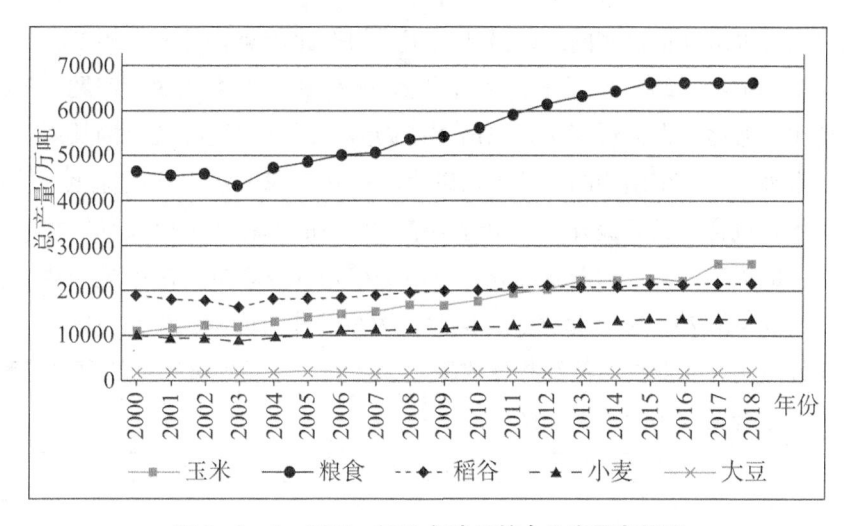

图 6-1-1　2000—2018 年我国粮食总产量变化图

资料来源：按 EPS 整理而得。

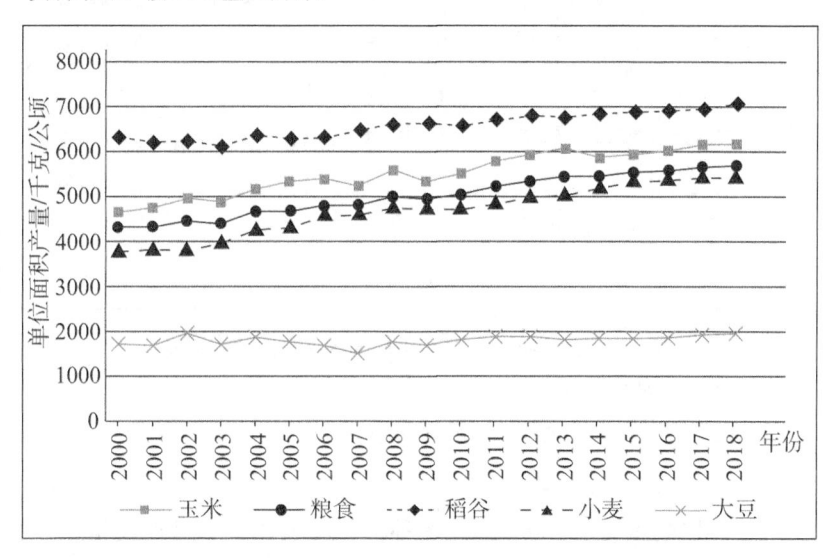

图 6-1-2　2000—2018 年我国粮食单位面积产量变化图

资料来源：按 EPS 整理而得。

以上我国自 2000 年以来粮食产出的整体情况，也能反映出我国粮食生产近年来所存在的一系列安全问题，其中最为显著的就是我国粮食种植结构长期存在不平衡以及不稳定的特点。在 2000—2018 年期间，如图 6-1-3 所示，我国稻谷、小麦和大豆种植比例整体呈现出波动式轻微下降趋势，而玉米种植比例同期则呈现出相反的变化趋势，且上升幅度较为明显。整体来看，2000年以来，我国粮食种植结构主要存在两大问题：玉米种植比例波动较大且近年来呈现出过高趋势，同时大豆种植比例长期处于过低水平。而种植结构的长期失衡以及单一化与我国居民日益优化的饮食结构不相符合，进而提升了我国近年来常规粮的库存压力以及稀缺粮（如大豆）的进口压力。随着我国农业供给侧结构性改革的不断推进，我国在2016年大幅削减玉米种植面积的同时，大豆的种植比例也得到一定程度的矫正性提高，农业供给侧结构性改革效果初显，大豆种植比例从2015年的4.09%上升至2018年的5.07%。

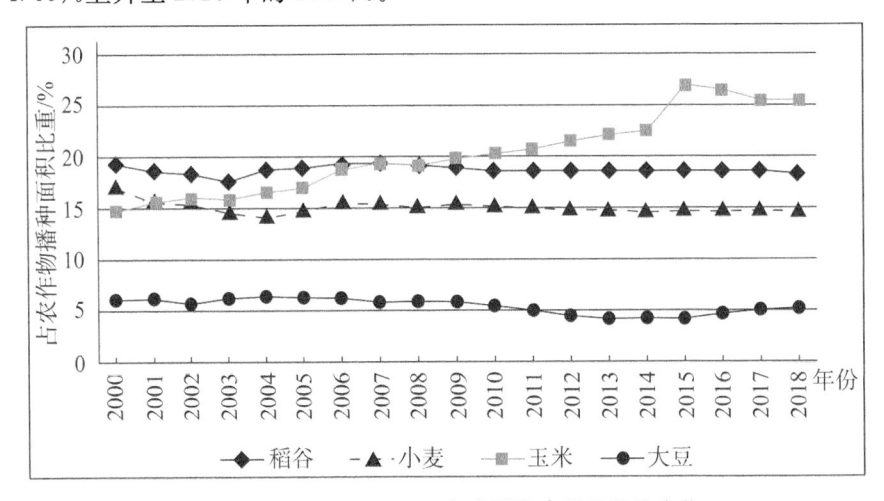

图 6-1-3　2000—2018 年我国粮食种植结构变化

资料来源：按 EPS 整理而得。

另外，在成本收益方面，我国粮食生产也面临着种植成本长期居高不下、粮食生产净利润较低等问题。如图 6-1-4 和图 6-1-5 所示，自 2003 年起，我国四种主要粮食品种的种植总成本整体上呈现逐年攀升的趋势，而同期四种主要粮食生产的单位面积成本利润率则整体上呈现出波动式下降的特点。该问题的出现主要是由于近年来我国化肥、农药、农机用油等农业生产资料以及农业用工成本均在不断增长，进而导致以上粮食品种的种植收益出现逐年下降的现象。而由于农业种植成本居高不下，往往又会导致一些其他粮食安全问题的出现。一方面，趋于理性的农民会出于投资回报率的比较而放弃原有粮食种植业务，选择流入其他非农业产业或者选择种植其他收益率更高的经济作物,由此粮食作物播种面积不断下降的趋势会进一步加剧,进而使我国未来粮食供给收紧的压力与风险相应提升;而另一方面,粮食种植成本的不断提高会进一步推动我国国内粮食价格的不断走高,进而导致国内粮食生产缺乏价格优势,加剧国内外"粮价倒挂"现象。而由于国内粮食种植成本过高,我国长期以来实施粮食托市政策,使我国粮食市场中所存在的"三高并存"现象加剧。

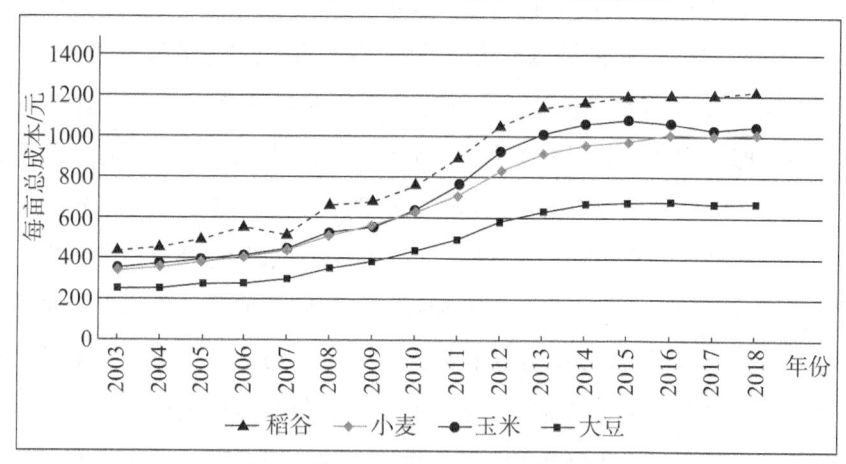

图6-1-4 2003—2018年我国粮食种植每亩总成本变化情况
资料来源:按EPS整理而得。

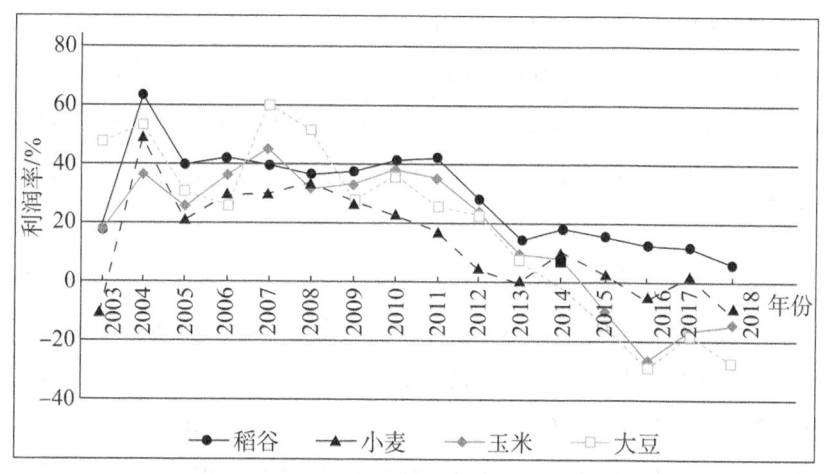

图6-1-5 2003—2018年我国粮食种植每亩成本利润率变化情况
资料来源:按EPS整理而得。

在粮食生产可持续条件方面,首先从劳动投入的角度来看,如图6-

1-6所示,我国在 2000—2018 年期间,随着城镇化的不断推进,第一产业就业人数呈现出逐年递减的趋势,从积极的角度讲,结合同期粮食产量的逐年递增趋势来看,我国粮食生产明显体现出资本技术密集型生产的特点。但是,种粮主体规模的逐年缩减,同时伴以"老人农业""妇女农业"现象的进一步普及,也暴露出我国当前农业劳动力的结构性短缺问题越发严重,未来"谁来种粮"的问题也越发严峻。而在科技投入方面,如图 6-1-6 所示,我国农业机械总动力自 2000 年起呈现出分阶段的发展模式,2000—2015 年我国农业机械总动力逐年递增趋势显著,2015 年达到近些年峰值,即 111728.07 万千瓦,2016 年农业机械总动力大幅下降,但伴随着国家中央农机补贴政策的落实到位,至 2018 年我国农业机械总动力又得到进一步提升,达到 100372 万千瓦。由上可见,我国近些年对粮食生产的现代化设施的关注与投入均在不断加强,但是即便如此,我国当前农业基本设备仍然相对落后,并且由于技术滞后导致高昂的设备维护费用以及农业生产资料(如农机用油等)价格不断攀升。故与国际发达国家相比,我国单位技术投入产出比仍然处于低位水平,这些因素都在很大程度上制约了我国的粮食生产能力。其次,在粮食生产的资源环境方面,以重金属污染、化肥农药不合理施用与药剂残留、生物污染等为代表的污染源已严重威胁我国粮食可持续生产现状。如图 6-1-7 所示,我国在 2000—2018 年间,农用化肥施用量以及农药使用量整体呈现出上升趋势,尽管自 2014 年、2015 年以来,我国农用化肥施用量以及农药使用量分别呈现出稳定下降态势,但从长远来看仍然处于高位,大量的化肥、农药的使用,在损减当前及未来农业生态以及土地生产效率的同时,也对整个生态环境以及农产品自身构成威胁,进而给人类健康带来危害。最后,从粮食生产的气候条件来看,气候多变,旱灾、洪涝灾、风雹灾、冷冻灾及台风灾等对我国农作物的生产也产生了极大的影响。如图 6-1-8 所示,尽管在 2000—2018 年间,我国农作物受灾面积呈现波动下降趋势,但是我国当前一大部分的农业生产仍然是"靠天吃饭",故气候多变对我国农作物生产的影响仍不容忽视。

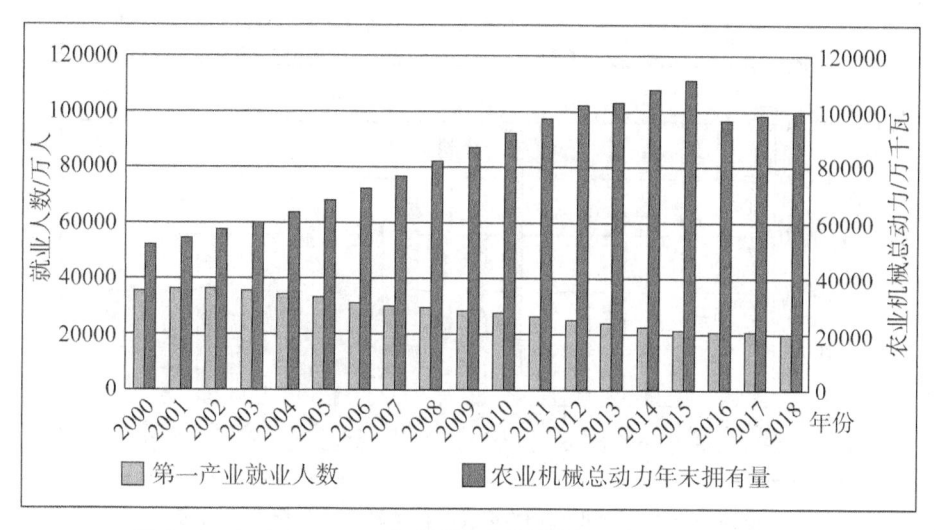

图 6-1-6　2000—2018 年我国粮食种植科技和劳动投入变化情况

资料来源：按 EPS 整理而得。

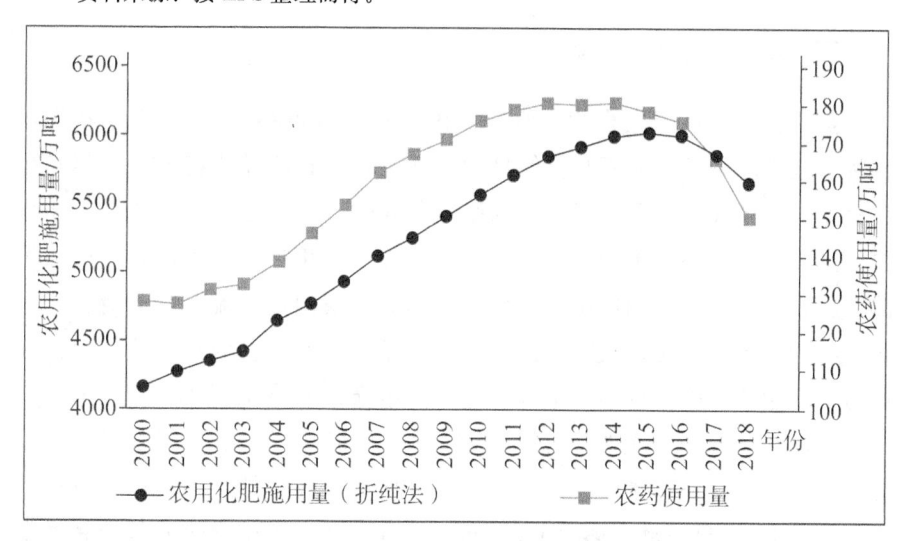

图 6-1-7　2000—2018 年我国粮食种植农药化肥使用情况变化图

资料来源：按 EPS 整理而得。

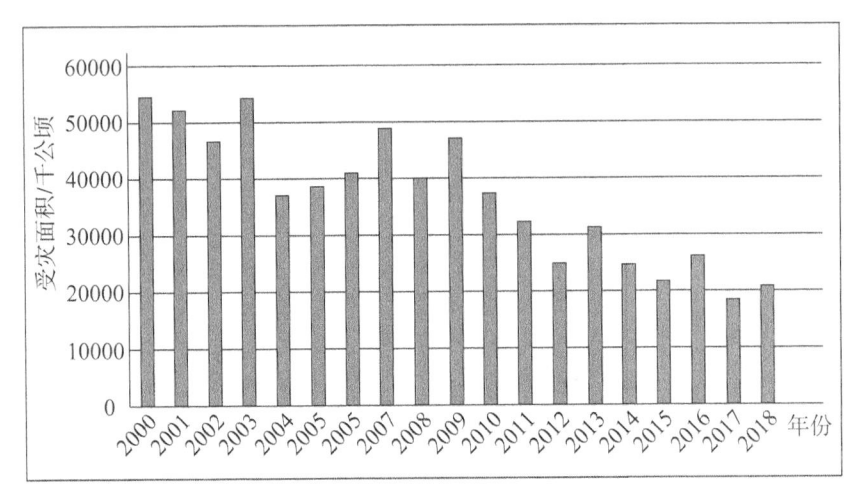

图 6-1-8 2000—2018 年我国粮食种植受灾情况变化图

资料来源：按 EPS 整理而得。

二、粮食流通安全现状

随着我国粮食产业的迅速发展，粮食在当前社会经济背景下已不仅仅作为口粮消耗来满足人们必要的日常生活需求，其商品化特征在近年来越发突出，保证我国粮食流通环节的稳定与高效，尤其是国有粮食企业在粮食流通吞吐方面的稳定与高效，在稳定我国粮食价格、粮食供给，进而保障我国粮食安全方面的作用尤为重要。因此，我国粮食流通安全情况分析可从我国国有企业粮食收购、销售两方面予以展开：在国有企业的粮食收购方面，由于我国粮食连年丰收，尤其伴随着 2004 年开始的"十二连增"，为有效防止农民"卖粮难"，稳定农民种粮积极性，我国长期以来采用粮食托市政策。从整体来看，如图 6-1-9 所示，我国粮食国有企业收购量自 2000 年以来呈波动式略微上扬趋势，其中 2015 年粮食收购量的激增主要是由当年玉米收购量提升造成的。而在粮食销售量方面，如图 6-1-10 所示，从整体上来看，随着国内粮食生产"十二连增"以及粮食收购量平稳上调，2000—2018 年间我国国有企业粮食销售量同样呈现波动上涨趋势，但上涨幅度远超同期国有企业的收购变化幅度。由此可见，在 2000—2018 年间，我国国有企业粮食吞吐调节数量巨大，仅 2018 年国有企业销收差高达 27588.5 万吨，这主要是由于国家根据宏观调控需要以及粮食市场走势适当调整市场粮食投放力度,在保障粮食市场供应,稳定市场价格的同时,还能有效减缓我国粮食主产区的收储压力。以上方式对于维护我国粮食市场稳定、保障国家经济安全至关重要。

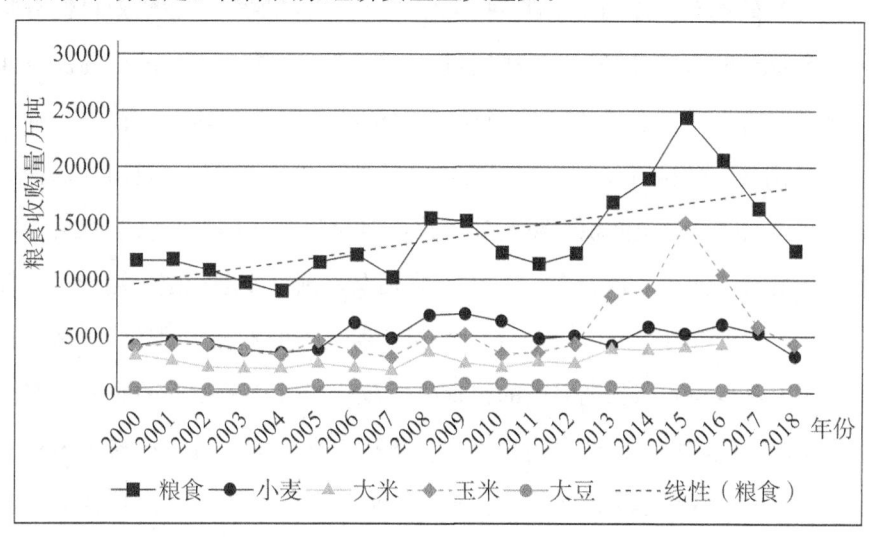

图 6-1-9　2000—2018 年我国国有企业主要粮食收购量情况变化图

资料来源:按 EPS 整理而得。

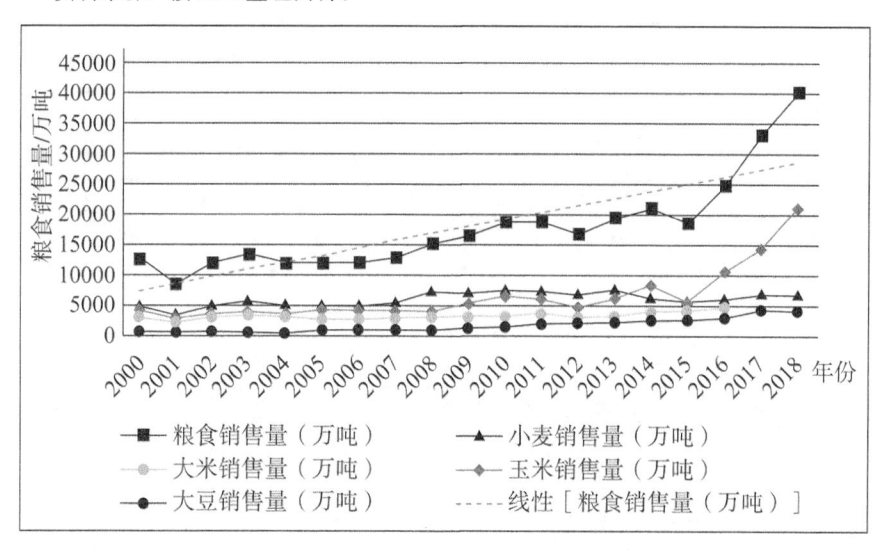

图 6-1-10　2000—2018 年我国国有企业主要粮食销售量情况变化图

资料来源:按 EPS 整理而得。

注:大米销售量缺少 2017 年、2018 年数据。

粮食作为国计民生的必需品，其市场价格的变化趋势以及稳定程度将直接影响我国居民生活成本以及粮食产业的运行状况，进而对国家粮食安全、经济安全产生重要的影响。我国在2000—2018年间的粮食销售价格变化趋势如图6-1-11所示，我国小麦、稻谷等主要粮食品种的市场价格都呈现出波动上升趋势，玉米市场价格波动幅度较大，具体来看，2014—2016年间玉米价格直线下跌，下跌幅度高达31.2%，这主要是由同期农民玉米种植意愿及种植面积不断上升所致，但伴随着我国农业供给侧结构性改革政策的实施，玉米价格于2016年之后又逐渐恢复至稳定上浮趋势。整体而言，我国粮食市场价格自2000年以后所面临的上涨压力较为显著，其背后原因可能与我国长期采用的粮食收储政策以及不断提升的农业生产成本有关。因此，如何缓解国内粮食市场价格上涨压力，继而维持国内粮食价格稳定，并从根本上解决国内粮价倒挂问题，是接下来我国粮食安全工作的重中之重。

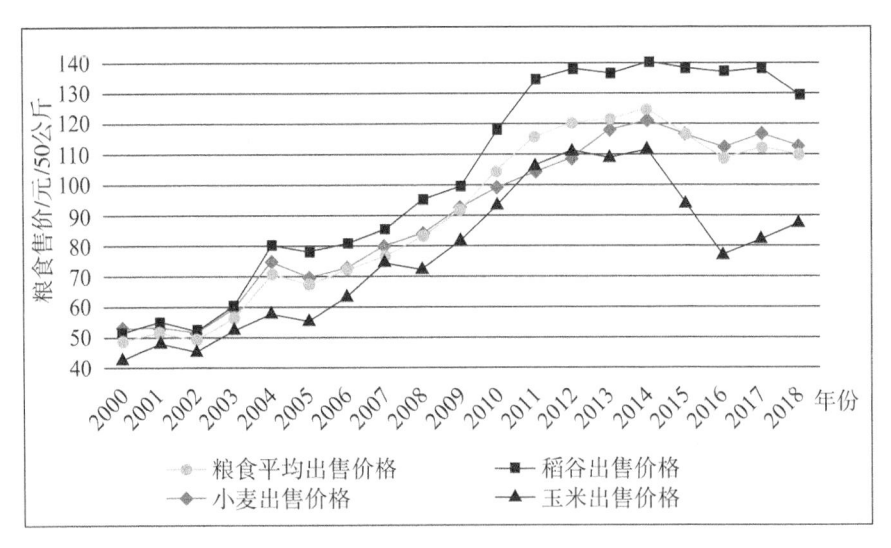

图6-1-11　2000—2018年我国主要粮食售价情况变化图

资料来源：按EPS整理而得。

三、粮食需求安全现状

从粮食需求角度来看,一国在某一考察期内的用粮总需求大致可以分为四个方面:日常生活所需的口粮需求、养殖业中的饲料用粮需求、满足工业发展所需的工业用粮需求以及种植业中的种子用粮需求。随着城市化、工业化的不断推进,我国粮食需求总量呈现出刚性增长态势,且前三类需求是拉动我国未来粮食需求整体增长的主要因素。首先在口粮需求方面,如图 6-1-12 所示,我国城乡居民口粮消费情况在 2013—2018 年间呈现出逐年下降趋势。其原因大致涉及两方面:首先,随着我国经济持续发展以及人民生活水平不断提升,我国居民饮食结构发生了较大调整,对基本口粮需求不断减少,而选择营养结构更为丰富、蛋白质含量更高的动物性食物予以替代;其次,由于城镇人口在总人口结构中属于对口粮需求较低的群体,而随着我国城镇化水平的不断提升,我国城镇人口比例持续增加,故城镇化的不断推进最终导致我国居民对口粮需求呈现出逐渐降低的态势。口粮变化的这种趋势也是符合一般国际发展规律的:一般而言,当一国经济发展到一定水平时,饲料用粮以及工业用粮等间接需求往往会超过直接口粮需求,具体体现为工业用粮和饲料用粮比例不断提升,而同期口粮需求比例则会持续下降。在我国饲料粮需求方面,随着我国城乡居民收入的不断增加,居民饮食结构发生了较大调整,与之前相比,居民饮食对动物性产品(如禽蛋奶类、畜产品类及水产品类等)健康营养食物的需求不断增多,由此导致同期对动物性产品消费所引致的饲料粮需求的激增。相关数据统计显示,我国 1978 年饲料粮需求总量约为 5493 万吨,而至 2018 年就增加为 2.8 亿吨,其间涨幅约为 410%,约是同期我国居民口粮消费涨幅的 1.58 倍。在工业用粮方面,现代工业用粮一般是指将未经过细加工的粮食作为主要原料或辅料的生产、加工行业用粮的总称,其目的主要是制造诸如食用酒、食用油、淀粉、食用调味品及生物燃料等产品。

结合我国近年来的发展情况来看，工业用粮需求在我国粮食消费市场中所占比重较为突出，我国工业用粮在2000年仅为5158万吨，在同年粮食需求总量中占比为11.03%，而在2018年该粮食需求已增至1.3亿吨，在同年粮食需求总量中占比为16.68%，需求量涨幅约为152%。在种子用粮需求方面，种子用粮需求往往与同年粮食种植面积存在正相关关系，而和相关科技水平存在负相关关系。相关数据统计显示，我国自1978年以来的种子用粮需求呈先减后增的变化趋势，1978年、1990年以及2018年我国种子用粮需求分别为813万吨、616万吨以及2200万吨，可见种子用粮在我国当前粮食需求市场中同样占据重要地位。

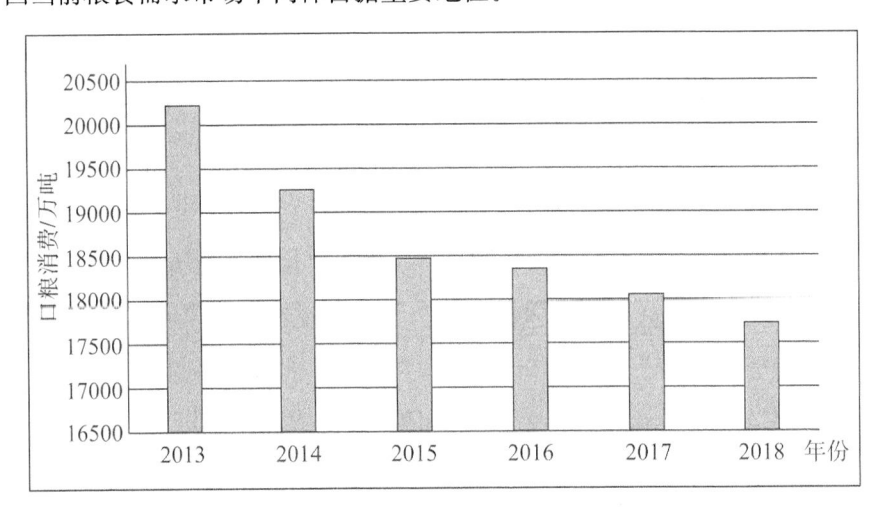

图6-1-12 2013—2018年我国口粮消费（原粮）情况变化图

资料来源：按EPS整理而得。

由此可见，我国粮食需求总量在近年来整体呈不断上升趋势，其中口粮需求虽然在不断缩减，但饲料用粮以及工业用粮需求却呈显著增长趋势，而同期种子用粮需求也保持稳中有增态势。尽管我国粮食产量在近年来整体呈上升态势，但产量增速始终不及需求增速，粮食市场供求态势越发严峻，供不应求状态长期存在。从这个角度来看，保障我国粮食安全刻不容缓。

四、粮食贸易安全现状

由前文分析可得，伴随着近年来我国粮食需求数量及结构的大幅调整，我国国内粮食市场供求压力也在逐年提升，同期我国利用国际粮食市场弥补国内粮食供求缺口的手段已成为常态化应用，如图6-1-13所示，我国自2003年起，就已步入粮食"净进口"的新常态中，且自此我国粮食净进口规模整体上呈现出稳步提升趋势，其绝对量已由2003年的171.2万吨迅速上升至2018年的11188.9万吨，涨幅约为6435%，增速显著。且同期我国粮食自给率也整体呈波动式下降态势，如图6-1-14所示，我国粮食自给率自2010年起就已跌至90%的安全红线以下且呈降低趋势，并于2018年跌至85.5%。因此，近年来我国粮食进口规模的不断扩大，在降低国家粮食自给率的同时，也在进一步强化我国粮食对外依存程度，从这个角度上讲，我国粮食产业面临巨大挑战，粮食安全形势日益严峻。

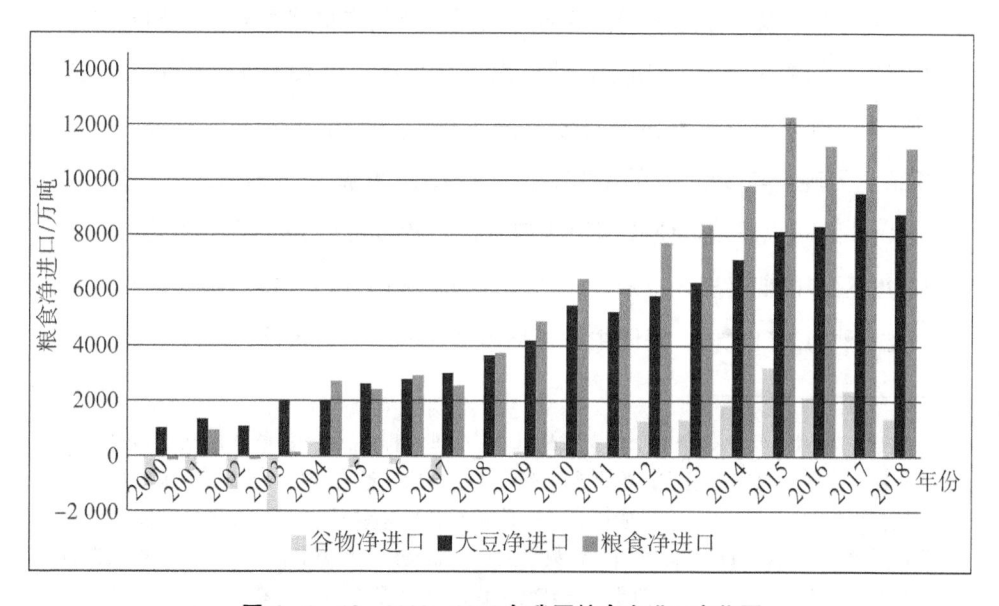

图6-1-13 2000—2018年我国粮食净进口变化图

资料来源：按EPS整理而得。

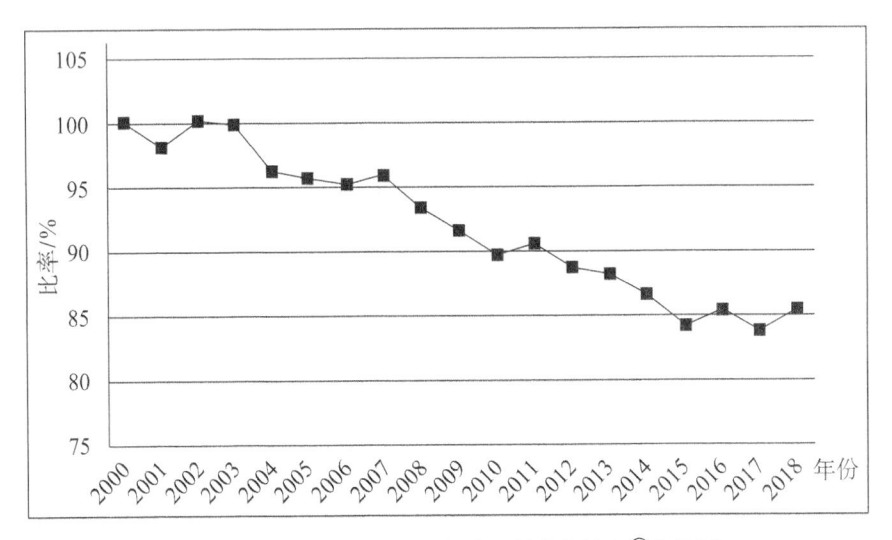

图 6-1-14　2000—2018 年我国粮食自给率①变化图

资料来源：按 EPS 整理而得。

而从我国主要粮食作物的进口结构来看，大豆成为我国国内饲料（豆粕）以及植物油生产的主要原粮来源，该作物种植在我国始终没有形成比较优势，早在我国刚加入 WTO 时，我国大豆国内价格就高于同期美国同类产品。如图 6-1-13 所示，我国大豆在 2000—2018 年间均呈现出净进口状态，且净进口量整体呈总体上升态势，2018 年我国大豆净进口量达 8789.7 万吨，与 2000 年的 1020.8 万吨相比，涨幅高达 761.1%。结合表 6-1-1 也可以看出，使我国历年粮食进口规模急剧攀升的主要动力来源即为大豆，同期小麦、玉米、大米等谷物之和的进口规模也不及同年大豆单类品种的进口规模。我国主要谷类作物（小麦、玉米及大米等）自 2009

---

① 粮食自给率是指一个国家或地区在一定时期自己生产的能够用来满足自身消费的粮食与粮食总需求之比。粮食自给率＝［粮食总产量/（粮食总产量＋粮食进口量－粮食出口量）］×100%，一般而言，一国粮食自给率越低，该国粮食自供能力就越差，更倾向于依赖国际粮食市场。在数量上，一般地，自给率在 100% 以上，可被视为完全自给；在 95%～100% 之间，一国粮食供求属于基本自给；在 90%～95% 之间，则一国粮食生产属于可以接受的安全水平；而 90% 则被视为粮食安全红线，一国自给率小于 90%，则表明粮食存在安全风险。

年起也基本进入净进口常态阶段，且其进口量在2009—2015年间呈现出波动式上升趋势。随着我国粮食进口总量的不断攀升，加之我国国内"十二连增"导致粮食总产量的持续增加以及国内三大主要谷物长期生产大于消费，我国粮食库存总量同期也在快速增长。一般而言，如果一国粮食产量、进口量同时增加，则国内粮食处于消耗加速的过程，国内粮食库存理应有所降低，或者伴随产量与库存的增加，国内粮食市场由于供过于求，同期进口应该相应下调，总之三个总量不可能同时增加并长期处于高位。但"三高并存"的尖锐矛盾却在我国粮食市场出现并得以维系相当长的时间。之所以出现"三高并存"的现象，主要是因为我国粮食作物种植结构不符合国内市场的现实需求，居民饮食结构的转变在国内粮食市场中得不到满足，只得转向国际市场，从而呈现进口量、总产量以及库存量同时增加的趋势；另外，我国部分粮食作物生产长期不具备比较优势，劳动利润率低，国产粮食价格缺乏竞争力，这也为部分粮食作物的长期、大规模进口带来契机。而伴随我国农业供给侧结构性改革的推出与不断深化，我国粮食进口，尤其是谷物净进口规模自2015年起有所下降，改革效果初步呈现。

但是可以预见，如若粮食进口规模持续扩大，国内粮食安全问题将会越发严峻。其具体表现为，国际粮食生产的波动性、粮食市场的不确定性，将会频繁冲击、侵扰我国粮食市场以及经济发展的有序、稳定运行。尤其随着全球气候变暖、国际范围内极端灾害天气的增多，世界粮食主产区粮食供应稳定性降低，而作为粮食进口大国，我国粮食长期供应的稳定性必然受到相应冲击。与此同时，除了自然原因，在当前复杂多变的国际形势之下，因政治风险、经济风险等因素导致粮食输出国采取贸易制裁，如提高出口关税、限制粮食出口或粮食禁运等手段，从而加深了国际粮食贸易的不确定性，影响我国粮食安全。

表 6-1-1 2000—2018 年我国主要粮食品种贸易情况

年份	小麦/万吨 进口量	出口量	净进口	大米/万吨 进口量	出口量	净进口	玉米/万吨 进口量	出口量	净进口	大豆/万吨 进口量	出口量	净进口
2000	91	18.8	72.2	23.9	294.8	−270.9	0.3	1029.4	−1029.1	1041.9	21.1	1020.8
2001	73.9	71.3	2.6	26.9	185.9	−159	3.9	600	−596.1	1393.9	24.8	1369.1
2002	63.2	97.7	−34.5	23.6	198.2	−174.6	0.8	1167.5	−1166.7	1131.4	27.6	1103.8
2003	44.7	251.4	−206.7	25.7	260.5	−234.8	0.1	1640.1	−1640	2074.1	26.7	2047.4
2004	725.8	108.9	616.9	75.6	89.8	−14.2	0.2	232.4	−232.2	2023	33.5	1989.5
2005	353.9	60.5	293.4	51.4	67.4	−16	0.4	864.2	−863.8	2659	39.6	2619.4
2006	61.3	151	−89.7	71.9	124	−52.1	6.5	309.9	−303.4	2823.7	37.9	2785.8
2007	10.1	307.3	−297.2	48.8	134.3	−85.5	3.5	492.1	−488.6	3081.7	45.6	3036.1
2008	4.3	31	−26.7	33	97.2	−64.2	5	27.3	−22.3	3743.6	46.5	3697.1
2009	90.4	24.5	65.9	35.7	78	−42.3	8.4	13	−4.6	4255.1	34.6	4220.5
2010	123.1	27.7	95.4	38.8	62.2	−23.4	157.3	12.7	144.6	5479.8	16.4	5463.4
2011	125.8	32.8	93	59.8	51.6	8.2	175.4	13.6	161.8	5263.7	20.8	5242.9
2012	370.1	28.5	341.6	236.9	27.9	209	520.8	25.7	495.1	5838.4	32	5806.4
2013	553.5	27.8	525.7	227.1	47.8	179.3	326.6	7.8	318.8	6337.5	20.9	6316.6
2014	300.4	19	281.4	257.9	41.9	216	259.9	2	257.9	7139.9	20.7	7119.2
2015	300.6	12.2	288.4	337.7	28.7	309	473	1.1	471.9	8169.2	13.4	8155.8
2016	341.2	11.3	329.9	356.2	39.5	316.7	316.8	0.4	316.4	8391.3	12.7	8378.6
2017	442.2	18.3	423.9	402.6	119.7	282.9	282.7	8.6	274.1	9552.6	11.2	9541.4
2018	309.9	28.6	281.3	305.8	208.9	96.9	352.4	1.2	351.2	8803.1	13.4	8789.7

资料来源：按 EPS 整理而得。

第二节 新阶段下维护我国粮食安全的制度建设

一、维护我国粮食安全的法律体系建设

粮食问题关乎一个国家的安定团结，是一国得以持续稳定发展的基本保障。而依据国际惯例，一国粮食安全，不仅要依靠自身粮食综合生产能力、不断优化的粮食流通能力以及国际粮食进口能力，同时也需要健全与完善粮食法律体系予以协调及管理。在当前复杂多变的国际政治、经济背景之下，对我国粮食工作所面临的形势和问题进行科学、客观研判，尽快推动符合我国国情、粮情的粮食安全法律出台，对于保障我国国民粮食需

求、维护国家经济安全具有十分重要的意义。

(一) 我国粮食安全立法现状及问题

粮食安全法是对维护与保障粮食安全法律规范的总称,我国当前立法体系中,与粮食产业安全直接相关的内容主要集中于《农业法》中的第五章(2012年12月修订)内容,其是我国突破性地以法律形式将"粮食安全"纳入我国立法范畴的内容,对我国粮食安全保障工作起着原则性、指导性作用。

在粮食生产的具体立法方面,我国《农业法》的其他章节、《水法》、《水土保持法》、《种子法》以及《农业机械化促进法》等立法内容,均对涉及我国粮食生产方面的内容,如可耕种土地的保障与扩张、农业设施建设、农民权益保护、农业科技生产力提升等,予以规定与管控。而在粮食流通、储备方面,我国当前相关行政法规、规章主要以《中央储备粮管理条例》为核心,并辅以《粮食流通管理条例》《中央储备粮油质量抽查扦样检验管理办法》《粮食质量监管实施办法(试行)》等协同管理的行政法规。其中,《中央储备粮管理条例》不仅对我国储粮主体及其行为如储备方法、放粮时间、监督办法等微观内容进行细节性规定,同时还通过对我国储备粮调节市场的时机、力度进行干预,进而对我国相关产业结构的调整、自然灾害的防范等宏观问题予以管控。除此之外,在粮食流通方面,我国当前还制定并实施了粮食风险基金政策,但是由于我国市场经济以及地区间粮食流通频率的进一步发展与提高,粮食风险基金的作用越发有限,在这个过程中主要还是依靠《粮食流通管理条例》来予以规范、调整。而在粮食消费方面,我国近年来也通过相继出台一系列关于人口、消费以及食品安全的法律法规内容,对我国粮食消费进行有效的宏观管控与保护。以上涉及我国粮食生产、流通、储备以及消费的法律法规,相互之间通过直接或者间接发生联系,形成了一个有机整体,共同构成了我国现阶段保障与维护粮食安全的立法体系。

尽管我国当前关于粮食问题的法律法规数量不在少数,但从维护我国粮食安全的立法角度来看,现有相关法律体系仍然存在一定问题。首先,我国缺乏一个粮食安全法的完整体系基础。我国当前与粮食相关的立法多属处于起步阶段的部门法，其中一些法规尚存不少漏洞，且在应用中存在不少问题有待解决。如在粮食、粮食安全的界定方面缺乏统一说法。又如，在粮食生产环节中的转基因技术的发展及使用，虽然转基因作物的好坏直接影响食品安全以及人类健康及其繁衍，但是与之相关的法律和法规我国至今没有完善；而在粮食流通环节中，比较突出的问题集中在粮食基金政策的实施及应用，从基金来源方面来看，中央政府和地方政府都承担了相应的基金注入责任，但地方政府财政有强有弱，客观应用过程中存在部分地区难以承担相应基金支出，进而出现粮食基金政策在部分地区不能充分发挥作用的问题，从基金补贴使用方面来看，由于现有补贴划属规则不够具体，现实应用中真正需要补贴的地区得不到相应帮助，进而大大降低我国现有粮食基金政策的适用性及效果。

其次，由于我国当前与粮食安全相关的法律、行政法规及部门规章均是分散在不同的部门法中，且不同部门或地区的法律法规的立法目的、出发点、侧重点各不相同，因此相关法律法规之间缺乏协调性以及相关粮食安全方面的解释及规定存在说法不一的现象，甚至有矛盾的现象出现。最具代表性的问题反映在我国粮食流通领域中关于市场准入条件的规定：依照我国现有《粮食流通管理条例》，我国各省市区均结合自身情况制定出各自的市场准入规则，但各地区市场准入规则存在较大出入，这种准入门槛的差异性导致不同的市场主体、地区部门在权益分配方面的不平等，这显然不利于粮食资源的跨区域流动以及市场经济的整体发展，更不利于我国粮食市场的整体稳定以及粮食安全的维护与保障，因此，这些存在出入甚至是相互矛盾的条款及规定都应该得到及时的修订与完善。

再次，我国现有的粮食安全相关法律的位阶比较低，因而相关法律法规的执法效力不强且实践效果不佳。目前看来，《农业法》是我国现有粮食立法中位阶最高的法律，而涉及粮食安全问题的内容也只是其中一章，其他关于粮食流通、储备以及消费的内容均仅停留在行政法规的层次，且配套的部门规章效力层次更低。因此，客观上讲，我国粮食安全立法的层次以及位阶整体是较低的，这直接拉低了我国通过法律体系来保障粮食安全的执法效力与效果。

最后，我国现有与粮食安全相关的法律法规还存在对市场主体缺乏合理的定位、缺乏对法律责任的细则性规定等问题。综上所述，我国现阶段关于粮食安全法律体系的构建与完善存在诸多问题与矛盾，仍需进行不断的探索和创新。

（二）我国粮食安全法的立法原则

结合以上我国粮食安全及其立法现状与所存在的问题，我国应构建一部真正意义上的粮食安全法来作为维护我国当前粮食安全的基本制度屏障。但是，任何立法在构建之初都离不开正确的指导思想，我国粮食安全立法亦是如此。我国粮食安全法的立法原则具体可概述为：第一，以公有制为主体，巩固发展保护多种经济形式合法共同发展的原则。由于粮食安全法是国家以法治化的手段干预粮食安全的具体体现之一，因此，其从内容上是符合经济法要素的，即既包含政府干预的合理性与必要性，同时也涵盖了对私有主体产权及其地位的认可及保护，从这个角度讲，粮食安全法属于经济法范畴。而由于其具有经济法属性，在坚持生产资料公有制大方向的同时，可确保市场化以及其他多种经济形式并存发展，将粮食市场的资源配置合理化、明朗化，有效完善市场运作规则。第二，协调统一的原则。于内，在有限时间内，可利用当前国内现有相关立法基础，修补及解决现有立法体系中的漏洞与矛盾，确保各部门相关行政法规、规章之间相互协调；于外，我国作为人口大国，国内外粮食市场相互影响、共同发展。因此，我国粮食安全立法也不应该仅停留在国内，而应放眼全球，与国际接轨、与世贸规则相协调，维持国内外经济交流的和谐，这样在规范国内外市场交互形式与渠道的同时，也能确保国内外经济互动的畅通与和谐，也只有这样才能真正顺应我国国情、粮情，维护国家粮食安全。第三，坚持国家统一领导和组织自主经营相结合的原则。由于粮食问题关乎国计民生之根本，"为政之要，首在足食"，因此粮食问题的统筹安排自然离不开一国政府的统一领导与宏观调配。随着我国市场经济体制的不断完善，国家干预应当朝着更加理性与审慎的方向发展，尤其要减少对粮食种植微观农业主体的干预，在必要、适度宏观调控的同时，也必须考虑自主经营者的合法权益，否则可能适得其反，事与愿违。第四，坚持科学发展的原则，在保障安全的同时兼顾效益。由于粮食生产及流通本身在我国已经高度商品化，粮食产业的效率本身也是粮食安全的一个重要维度，因此要保障粮食安全，就应该兼顾效率，以适度有限的安全维护成本去获取较高收益本身就是安全的提升及体现。当然，二者的兼顾并不意味着相关立法过分倾向于任何一方，更不能舍本逐末，为偏执于效率而忽略了安全的初衷，毕竟安全才是最根本的目的与出发点。

（三）粮食安全法立法要点及框架

我国应加紧研究制定粮食安全法，填补相关立法空白。粮食安全法应包括以下几方面内容：第一，粮食和粮食安全的统一法律界定。统一并明确粮食的定义，必要之时需要与国际接轨，深化对粮食的原有认知。同时统一并明确粮食安全的标准，提高粮食安全法的可实施性。第二，粮食生产及其保护规定，主要包括粮食种植准入制度、基本农田及基础设施保护制度和农民种粮积极性的补贴性保护制度等。第三，粮食市场流通、储备规定，主要包括粮食市场准入制度、粮食市场流通制度、粮食储备制度。第四，粮食适度消费规定。《宪法》第十四条第二款明确规定，"国家厉行节约，反对浪费"，因此，建立粮食适度消费等节约性制度是《宪法》精神在粮食安全法立法中的具体体现。但是在粮食安全法中，节约性要求不应仅体现在消费层面，在粮食的生产、加工、运输及储备等各环节也都应该体现粮食节约及减损要求。第五，粮食宏观调控规定，主要涉及国家在粮食宏观调控方面的必要性以及合法性说明，明确政府进行粮食宏观调控目标、主体、宏观调控工具及宏观调控体系等内容，并厘清政府与市场在粮食经济领域调控方面的内在联系，一方面政府干预不可或缺，但应当在法律授权及规定之下予以开展，而另一方面，市场应起基础的、主导的作用，更好地体现宏观调控与市场自主经营的有机结合。第六，粮食责任追究以及违法责任规定。从目前我国粮食立法现状来看，多数立法属于政策性的规章制度，其中涉及的违法违规责任也多数停留在对行政违法责任的追究之上，甚至某些违法行为存在违法成本较低的问题，相关违法违规处罚力度、威慑力有限。因此，在粮食安全法中应注意，在行政执法层面，可建立健全粮食安全省长责任制，将省级政府粮食安全的核心职责具体到生产、收购、储备和机构设置四项工作上，以此夯实粮食安全组织根基；而在法律层面上，粮食安全法应明确相关违法行为及责任承担，造成严重危害的个体应当承担刑事责任。

二、新阶段下促进我国粮食安全的政策侧重点

由于粮食安全保障体系是一个复杂的系统工程，因此要真正实现我国粮食安全，就要力保粮食生产、流通、储备三个环节中的任何一个方面都不出问题。接下来，我们就分别从这三个方面来对我国粮食安全保障政策侧重点予以分析。

(一) 粮食生产安全

从效率的角度出发，提高粮食的综合生产能力是保障粮食生产安全的关键所在，而粮食综合生产能力的提高主要涉及两方面：一方面，保障和维护我国农业基础设施条件以及推广农业现代科技的运营；另一方面以财政补贴等方式提高农民种粮积极性。

基于此，在保障粮食生产安全方面，首先就应实行严格的耕地保护制度。坚守18亿亩耕地红线不能动摇，让每一寸耕地成为丰收的沃土，这是把握国家粮食安全主动权的基本保障。另外，建立健全基本农田保护制度，科学规划以及调整现有粮食种植结构。同时，从可持续角度出发，建立健全粮食水资源优先保障制度、粮食种子资源保护制度，并严格监管转基因种子推广使用，建立健全土地轮作休耕制度、土地污染修复制度，加强矿区、污染区的土地治理工作，扩大我国现有粮田可种植有效面积。

其次，加速我国农业先进生产技术的推广及运用。在我国粮食播种面积不断减少的背景之下，尽快提升我国现有种粮科技应用能力，鼓励推动粮食高产、增产优质品种，建立健全种植技术和措施的开发及推广机制，

开展高标准农田建设项目，可持续地、最大限度地开发土地现有价值，进一步提升我国粮食产量、质量以及附加值。

最后，随着我国工业化、城镇化的进一步推进以及第三产业的全面兴起，农民选择继续种粮的机会成本也在日益增加，而同时由于我国现有农田地力较弱，种粮更是离不开大量化肥农药的投入，粮食生产成本较高，农业种粮成本收益率普遍较低，进而导致我国"离农化"情绪严重，农村"空心化"现象日益突出。因此，要使农民回归农田、重新安心种粮，关键还在于提升其种粮积极性：一方面，要保障我国粮食价格的稳定，扭转我国粮价（尤其在粮食收购环节）偏低的现状；而另一方面，有必要建立健全粮食补贴制度体系，如建立粮食主产区生产补贴制度、粮食销区反哺产区制度、粮食价格保护制度，进一步完善优质粮食工程建设规划以及建立种粮大户、家庭农场等新型生产主体扶持政策，从而全方位地提高我国粮食生产积极性、适度规模化以及集约化程度。

（二）粮食流通安全

粮食流通处在粮食生产、消费的中间环节，具有承上启下的作用，是粮食供给保障体系的重要环节。尤其伴随着我国粮食商品化、市场化程度的不断提高，处于流通环节的粮食总量大幅度扩增，粮食流通总量占粮食需求量的比重也在不断提高，因此，保障粮食流通安全同样是粮食安全保障体系中的重要内容。其具体包括：建立健全粮食信息发布制度、粮食应急制度以及粮食市场监测预警制度，进一步推进我国粮食流通数据库的建立与完善，为政府对粮食市场进行调控提供科学、客观依据。同时加强对地方企业粮食收储情况的监管，建立健全企业最低最高库存制度，赋予地方政府根据市场供求状况适时制定当地最低最高库存量职权，提高地方粮食库存制度的灵活性与适用性。

（三）粮食储备安全

根据联合国粮农组织要求，为确保一国粮食安全，国家粮食储备率一般不得低于17%。而我国政府自20世纪90年代起，就建立了国家粮食专项储备制度，其具体包括三个层次：国家公共储备（具体又可分为中央与地方政府专项储备)、粮食企业的商业性储备以及农民家庭和城镇居民家庭储备。毫无疑问,我国粮食储备制度自实施以来,在缓解农民卖粮难和储粮难问题、保证我国粮食流通体系的持续稳定运行、政府粮食宏观调控能力的提升方面起到了积极促进作用。但是,由于我国现有粮食储备制度还不够健全,其在应用实践过程中,也逐渐暴露出来一系列问题,如中央与地方两级储备摩擦严重,粮食储备规模及结构不合理,粮食储备轮换机制不健全等。因此,进一步健全、完善我国现有粮食储备制度迫在眉睫。首先,进一步完善我国当前粮食储备的制度规范,使粮食的收储更具有规范性。由于我国当前实施的是中央与地方两级粮食储备制,而两者管理依据不同,该制度在实际操作过程中容易产生矛盾与摩擦,逆向操作问题严重。同时,由于地方发展与政策各有不同,如此制度设定也容易造成地区粮食流通与贸易冲突,因此对于中央收储政策的原则性规定应该在我国粮食安全法中予以详尽体现,并且进一步强调我国储备管理主体与国家粮食宏观调控主体应该保持严格一致,储备工作由中央统一调控,地方储备仅为中央委托储备,避免中央与地方两级储备产生摩擦、逆向操作等问题。而对于地方储备政策,应当在相应法律法规中予以规定,并且尽可能兼顾地区特点、避免冲突,对地方与中央法规相冲突的地方,如有必要在科学研判的基础上应当予以修订和改善。其次,完善我国当前存储机制。粮食储备问题不应该仅停留在收储环节,应当结合市场供求及价格情况收放自如。建立健全储备粮监督机制、丰富现有储备方式,如建立政府储备与企业储备、周转储备相结合的储备制度,同时建立健全政府储备资格认定制度,全面提高我国粮食储备制度的灵活性与适用性。

下篇

制度体系构建

第七章
国外经济安全保障制度

在当前国际环境复杂多变，经济形势日益严峻的现实背景之下，切实维护国家经济安全、防范国内外经济风险已然成为各国政务要点。因此，结合我国当前国内外社会经济态势，并对美国、日本、俄罗斯等世界强国的经济安全观、法规、机构现状进行考察及借鉴，可为维护我国经济安全以及相应制度构建提供必要参考并拓展思路。一般而言，世界强国经济安全制度保障体系主要由四部分构成：第一是国家经济安全制度体系构建的基本原则——国家经济安全观；第二是与国家经济安全问题相关，且具有长期性、稳定性、程序性特点的法律保障体系；第三是有经济安全导向，但具有短期性和灵活性特点的各类法规、政策体系；第四为各种相关法规政策的拟定、实施的组织机构设计。然而，由于经济安全政策多具有阶段性、针对性、灵活性、短期性等特征，因此囿于篇幅，本章仅对主要世界强国的经济安全观、相关法律法规以及组织机构进行梳理与考察，以便为我国经济安全保障机制体系的设计与完善提供建议与参考。

第一节 美国经济安全模式及制度构建

一、美国国家经济安全观

由于各国国情、国家战略目标存在显著差异，不同国家对经济安全的界定也呈现出多样化特点；而即便是同一个国家，由于所处时期、所在国际环境以及发展阶段不断演变，其对经济安全的重视程度以及看法也会有所不同。美国历届政府对其国家经济安全的重视程度就不十分一致，例如在"9·11"事件之后，小布什政府依据其国家现实境况及客观需要，将其国家安全理念调整为"绝对安全观"，即将单边主义反恐和打击金融犯罪作为维护本国经济安全的出发点。虽然在重视程度上有所出入，但美国历届政府对国家经济安全的目标认同却保持高度一致，尤其自1986年《戈德华特—尼科尔斯国防部改组法》实施以来，美国在历份《国家安全战略报告》中都坚持以自由市场和自由贸易来推动全球经济增长，维护美国经济安全。也就是说，美国历届政府均致力于达成国家经济安全的目标，即"保护和扩大自由市场，提高美国的经济竞争力，保障美国全球领导地位，保护环境和争取可持续增长"，其中"保障美国全球领导地位，谋求霸权主义"的目标在其国家经济安全观中占据重要位置。该观点认为，在新的全球经济中，解决好涉外经济问题是实现美国经济繁荣的关键，美国国外之事就是其国内之事，世界各国都有美国的经济利益所在；在世界经济中，美国必须发挥领导作用。它致力于扩展美国式的自由市场经济模式，推动全球经济贸易与投资自由化、一体化和全球化步伐，目的在于维护其国内资源稳定供应、产品劳务自由输出，坚持把不断开放的市场和稳定的国际金融体系看作实现国内乃至全球经济繁荣的必备条件。

二、美国国家经济安全的立法概况

一国的经济运行状况以及风险抵御能力不仅取决于其经济自身的实力、适应力，同时也取决于一国相关的经济法律保障体系是否完善、健全。依据适用领域不同，我们可从以下几个方面对与美国经济安全相关的法律保障体系予以梳理。

(一) 金融安全

尽管美国自第一份国家安全战略报告起，就不遗余力地推广其自由经济以及自由贸易理论，但历次金融危机足以证明，绝对的自由化会对国家金融安全与稳定造成威胁并构成重创。因此，在历经数次经济危机之后，美国也相应出台必要的法律规章及政策措施来弥补现有金融安全体系的漏洞与不足。例如，在1929年经济大萧条之后，美国兴起了一股金融监管的浪潮，其直接结果就是《1933年银行法》的颁布。该法核心内容是商业银行、投资银行严格实行分业经营、分业监管、分业操作。在此后的数十年内，美国国会也相应出台了一系列针对银行业、证券市场监管的法律，如1940年《投资公司法》、1956年《银行控股公司法》、1960年《银行合并法》、1970年《证券投资者保护法》、1978年《国际银行法》等。以上法律均以20世纪30年代的法律为基准点，陆续对美国金融业监管制度进行了补充与完善。而进入21世纪后，美国爆发了严重的金融危机，政府对新经济环境下面临的不可持续的经济增长模式、金融秩序与金融发展失衡、金融创新缺乏约束以及金融监管缺位等问题进行了反省与改革。2010年7月21日，美国时任总统奥巴马签署了《多德—弗兰克华尔街改革与消费者保护法》，该法由16部分构成，对包括银行、证券、保险、对冲基金、信用评级机构、交易商、上市机构等在内的金融体系运行规则和监管架构进行了全面的改革与修订。除了加强金融机构监管外，美国联邦金融消费者法律的保护范围非常广泛，涵盖了诸如贷款、收费、借记卡和信用卡、自动柜员机交易、按揭和住房权益贷款、信用额度和其他无担保信贷等在内的绝大部分消费者金融服务领域，具体包括：要求金融机构进行信息披露的，如《诚实借贷法》；禁止金融机构不当作为的，如《公平信用报告法》；保护消费者隐私方面的，如《财务隐私法》等。此外，其他一些联邦法律，如《谢尔曼法》《联邦贸易委员会法》等也是维护金融消费者权益的重要法律。

（二）产业贸易安全

在贸易保护方面，根据本国不同的经济发展阶段以及世界形势，实施不同的贸易保护措施，抵挡进口产品对民族工业的冲击。由于美国人工成本高，一些劳动密集型的产品生产行业，竞争不过发展中国家，所以美国对这些产业实行贸易保护政策，以削弱他国产品进口的竞争优势，同时还对本国重点产业和幼稚产业的产品生产和出口提供补贴加以保护。美国为了实行贸易保护政策，《1974年贸易法》授权总统可以采取单方面措施报复外国的不公平贸易行为，即"301条款"，而除了传统的反倾销法、反补贴法和"301条款"外，还有著名的《1974年贸易法》"201条款"、《关税法》"337条款"等，这些条款对于提高关税等临时补救和调整措施以及对外国侵犯其商标、专利、著作权等知识产权行为采取的报复措施等都做了具体的法律规定，为美国关税政策的执行提供了有力的法律依据。美国反倾销、反补贴领域的法案备受争议，虽然其目的是积极保护国内产业，但因严重违背WTO相关条款，其地位不断受到挑战。

在外资管制方面，美国对待外资比较友善，美国也因此成为世界上吸收外国直接投资最多的国家之一。然而为了既能充分地利用外资，又能防止外资对本国利益构成威胁，美国政府对外商投资制定了严格的防范准则，通过对外资管制的法律保护美国产业，诸如军事、电信、水力发电、自然资源开发、核能开发等敏感核心产业以及本土竞争优势产业。如1988年美国立法授权总统可以以保护国家安全利益为由，一票否决外国投资者兼并美国企业的请求，并授权外国投资委员（CFIUS）会具体实施此条款。这个由8个联邦机构负责人组成、由财政部部长任主席的高级"外国投资委员会"有权据实判断某外商购买某家美国企业的申请是否存在"损害国家安全"的风险及危害。而1990年美国通过的《外国直接投资和国际金融统计改进法》，则要求美国商务部经济分析局和劳工部统计局定期互通有关外国在美国直接投资的各方面信息及资料，以便全面、及时掌握外国在美国直接投资的发展现状。而关于金融股权管控，美国也存在成熟、完善的法律体系和外资准入标准以便实施实时控制和严格保护。例如，美国通过《银行法》明确规定，凡在美拥有分支机构或代理机构的外资银行，在取得一家银行或银行控股公司5%股权之前，均须得到美联储的批准，以此对外资银行参股美国银行股权比例进行严格限制。另外，在跨国收购方面，美国政府认为拥有一家银行不少于25%的有投票权的股份即为收购，并且无论新建子银行或收购银行，外资银行母行均须事先获得美联储批准。除此之外，美国相关法规①授权总统可以以国家安全为由禁止甚至中止外国对美国公司的并购，外国投资委员会认定某项外资并购会造成美国损失后，可以在相应减损协议中挽回损失，结束交易，也可以要求外方撤资。②

（三）粮食安全

美国是一个机械化、现代化的农业大国，其农业从业人口虽然只有300万人，但就是这有限的农业人口规模，不仅生产出可满足美国三亿人口需求的粮食总量，同时还使得美国成为世界粮食出口第一大国，而这一切都得益于美国政府对粮食生产的宏观调控与法治保障。美国粮食安全计划与政策的法治化主要是由以《农业调整法》为统领的各类涉粮法律法规来体现。可以说，美国《农业调整法》是奠定其国家粮食安全法律体系的基础。1933年，为消除经济下滑给国内粮食生产带来的影响，在历经1929年美国经济危机之后，美国政府放弃原先自由放任的农业政策，通过出台并实施《农业调整法》对当时国内农业生产进行干预与调控，比如在加强对粮食生产的支持和补贴方面，面对危机爆发后早期出现的工人下岗、粮食产量少、种地农户少等问题，美国通过增加对种粮农户的补贴来保护并鼓励农户粮食生产的积极性，进而维系并激发国内粮食的生产能力和种植能力，有效保障粮食的日常供给。持续的价格补助让美国的粮食生产能力得到了提高。由于政策调整，过多人口进入农耕领域，美国粮食生产继而出现供大于求的局面，粮食价格开始下降，国会在1954年通过了《480号公法》法案，开始增加对种粮户的补贴，防止因为粮多价低损害种粮户的利益。而在粮食出口方面，由于美国的机械化生产发展迅速，美国较早就进入了一小部分人生产即可满足大多数人用粮需求的阶段。为应对国内粮食生产过剩的问题，美国政府一方面增加对农场主的补贴，另一方面按照

---

① 《1988年美国综合贸易法案》修正案中的"埃克森-弗罗里奥"条款及《外商投资与国家安全法案》等。

② 广东省经济安全研究院，广东国际经济协会课题组. 世界大国经济安全研究[M]. 广州：中山大学出版社，2016：31.

支持价格收购市场中囤积的农产品，并积极扩大对外出口，通过对外援助、销售、贷款、赠送等方式将过剩粮食生产力输送到发展中国家。以上是美国《农业调整法》在国家粮食安全，尤其是粮食生产的补贴与支持方面的功能表现，而发展至今，美国已形成了以《农业调整法》为基础、配套 100 多个重要法规的法律体系。如《1996 年联邦农业完善和改革法》《2002 年农业安全与农村投资法案》《2008 年农业法案》和《2012 年农业改革、食品和就业法案》等。而值得一提的是，在耕地保护方面，美国政府也相继出台了一系列法律法规以防范农地向非农化和非粮化的转变。众所周知，美国早期是一个农业大国，且其国内可供使用的耕地面积非常辽阔，高达 28 亿亩。但在后期城镇化不断推进的过程中，国家优质耕地急遽减少，人均耕地水平缩减至 20 世纪初（16.95 亩/人）的一半多，进而致使以粮食为主的农产品生产能力大幅缩水。为应对耕地面积不断被蚕食的棘手问题，美国政府适时出台一系列法规政策以鼓励和引导民众开垦荒地。例如，美国政府通过《水土保持和国土资源配给法》并成立专门委员会，以重点保护并维持国内优质耕地及使用状态；通过《优质耕地牧地及林地保护法》进一步明确在城镇化进程中，对耕地的保护政策不变，同时还进一步制定储备耕地的基本规模以及红线；1981 年，美国政府专门颁布了《农地保护政策法》以限制现有农地向非农地的转变。

三、美国国家经济安全的组织机构

与多数国家一致，美国政府并没有设立专门机构负责经济安全立法或决策事宜，而与该问题相关的法律法规更多的是分散于美国国会、国务院、各行政机构，以及各州议会在各领域（如农业、贸易、财政金融、知识产权等）内的现存法规法律中。正因如此，美国国家经济安全在现实中并不能由商务部或某个专门机构单独调控，而是由美国财政部、联邦储备银行、国家经济委员会（NEC）、国际贸易委员会、农业部、商务部等大多数经济职能部门共同负责。需要强调的是，由克林顿政府于 1993 年成立的，且与国家安全委员会（NSC）平级的"国家经济委员会"专职于国内外的经济政策拟定以及部门间的协调、监督工作，因此，该机构的出现标志着美国国家安全体制建设中的突破与革新——更加强调经济安全的重要性与专职性。各部门经济安全的组织机构可具体梳理如下：

在金融安全方面，美国财政部、白宫经济顾问委员会、美国联邦储备委员会、美国国际开发署等机构共同负责该领域安全问题。而在金融安全监督方面，美国是由美国联邦储备委员会、美国货币监理署负责，并通过一套多元化的、复杂的"伞形"监管体制予以实现，该制度特征可概括为两方面：一是"双线多头"，"双线"主要指联邦政府和州政府两条主线，"多头"指由多个履行金融监管职责的机构牵头、负责，并存在交叉管辖权；二是功能监管模式，在混业经营背景下，功能监管并不针对金融机构本身，而是围绕金融机构所从事的经营活动进行监管。更具体地讲，功能监管主要依据金融机构所提供金融服务的功能将其经营活动分成不同的类型，而同一类型的金融功能，即使由不同金融机构经营，均由同一监管者进行监管，故其本质上仍然是分业监管的模式。尽管这种"伞形"监管体制能有效促使监管机构之间形成并维持一种良性、科学的制衡及监督关系，但也存在一系列问题，如机构交叉重叠、监管重叠与监管真空并存、金融监管成本高而效率低等，故在2008年金融危机爆发之后，美国政府发布《金融监管改革——新基础：重建金融监管》并对现有金融体制进行改革。该方案尤其强调以政府为核心的监管理念，更加突出政府与美联储权力，并在此基础上，成立一系列金融监管机构，如金融服务监管委员会、全国银行监管机构，以监视系统性风险以及所有拥有联邦执照的银行，同时撤销储蓄管理局及其他可能导致监管漏洞的机构，避免部分吸储机构借此规避监管。同时，新改革方案还调整现有监管框架，避免监管盲区，尤其强化了对OTC市场以及具有系统重要性的支付、清算和结算体系的全面监管。另外，新改革方案更加重视金融体系内各监管部门间的协调能力，积极参与协调部门间的监管争端问题；也更强调对外源性金融风险的防范及处理，因此更加重视对国际金融市场的监管、对跨国企业的合作监管，促进国际危机应对能力的提升，建立同步高标准的国际监管体制等环节。

在贸易、产业安全方面，美国已经在国家安全委员会的领导下建立了一系列组织来监督保障国家贸易、产业安全地运行，所涉及机构主要有：美国商务部、美国国际贸易委员会、美国国际贸易法院、国际贸易管理署等。美国的贸易管理体制主要由国会、行政部门、私营部门顾问委员会三部分组成。美国宪法要求国会主要负责对缔结自由贸易协定、实施并修订关税及有关贸易措施等贸易行为进行立法和授权；行政部门主要由贸易代表、商务部、国际贸易委员会、海关和协调机构等部门构成，主要负责对外贸易谈判、进出口管理及服务和征收关税等事宜；而在私营部门层面，私营部门顾问委员会主要负责为政府的投资和贸易决策提供建议。这些机构自成一体，相互制衡又相互协调，担负着维护美国经济利益和产业贸易安全的重任。

在粮食安全方面，相关工作主要由美国农业部负责。而在粮食安全监督方面，美国的粮食安全监督体系主要包括粮食质量管理体系、粮食质量标准体系、粮食质量检测体系以及相关的技术和信息支撑体系等四个方面。值得一提的是，美国粮食安全的信息支撑体系，主要由农业部下属的国家农业统计局、世界农业展望委员会、农业市场服务局、国外农业服务局和美国国家经济研究局共同构成，在粮食安全信息支撑环节，各部门各司其职，从不同层面向美国和全球提供及时、准确、权威的粮食信息，以及时并充分满足粮食市场中各微观主体的信息需求。同时，美国的粮食服务业也采用了先进的科技手段，广泛应用卫星遥感技术，以全面及时地掌握世界粮食生产的第一手资料，并利用计量经济学原理以及前沿计算机技术，对信息予以客观、准确分析，进一步开发出高效分析和预测模型，提高了长期趋势分析的准确性与适用性。

第二节　日本经济安全模式及制度构建

一、日本国家经济安全观

日本国家经济安全观，相较于其他国家而言，有两个主要特点：首先是外向性特征。基于日本国土面积狭小、能源资源严重依赖进口等基本国情，日本经济对国际市场存在很强的依赖性，因而也极易遭受国际经济危机、政治危机的冲击与影响，尤其在能源、粮食和海上运输线安全方面。以上领域安全与否直接关乎日本经济乃至整个国家的安全，因此，单凭日本一国之力来实现经济安全是不现实的，必须在当前世界政治经济格局框架下予以综合考量。其次是发展性特征。"第四次工业革命"爆发后，国际经济领域的权力转移与世界格局的调整，使得新的国际经贸、科技乃至政治领域的世界秩序开始建立，中美之间的技术竞争可能滑向"新冷战"，而与此同时，其他各国也纷纷踏上"本国第一"的行事路线，世界安全环境面临更大的风险与不确定性。因此，基于"外向性"特点的国家经济安全思路也应该相应做出调整，且国内相关法律和政策也须适时做出改革与创新。

基于此，日本经济安全观的基本实现思路可表述为：对外，须发展与世界各国的相互依存关系，尤其是那些经济关系最为密切的国家，应建立友好、长期关系；对内，努力加强资源储备，提高自身供给能力，维系并发展强健、持久的国内经济实力与出口竞争能力。另外，适时根据国内外客观具体情况调整自身经济安全策略。

二、日本国家经济安全的立法概况

如前文所述，作为一个人口众多、国内资源极其贫乏的国家，尤其继20世纪两次石油危机之后，战后日本经济的高速增长势头由此告终。这些经历使得日本切实意识到其社会经济发展中的软肋和命门，并感受到其经济安全的脆弱性和易损性，日本朝野上下由此对维护国家经济安全的重要性和紧迫性有了重新的认识和定位。基于其国情的特殊性与复杂性，日本政府尤其重视法律体系的构建以及发挥对各种外源性风险的防范、规避与化解作用，虽然发展至今，日本仍然没有一部专门、明确的有关经济安全的法律，但其关于国家经济安全的规定却分散于经济法的各个领域，应用广泛且高效、成熟。

(一) 金融安全

根据日本战后经济发展历程可知，日本的金融制度及其安全保障体系的演进过程也具有阶段性和变迁性特点，这与前述日本经济安全观的发展特征不谋而合。战后日本金融及其安全保障体系的发展过程可划分为"迅速恢复期"以及"快速发展期"两个阶段。在迅速恢复期中，日本战后金融体系能够稳定、有序运行主要有赖于日本长时期内实行的三大金融制度：利率管制、分业经营管制和外汇管制。利率管制为日本经济复苏过程中"低成本投入条件"的生成及维系提供保障，可以说，其构成战后日本金融制度的最基础内容，并在此基础上，发展出以低利率政策为基础的、独有的金融体系结构及相应的法律制度框架。为实现利率管制，在日本银行界签订了行业存款利率协定之后，日本政府又于1947年底制定并实施了《临时利率调整法》，该法条对所有的存款利率和短期贷款利率做出了限制性规定，实行利率最高额管制。而为了保证战后金融系统的整体有序运行，日本也实施了较长时间的分业经营制度，其具体包括银行业与证券业分离、银行业与信托业的分离以及长短期金融业务的分离管控。实施分业经营制度，能在经济复苏期有效防止金融体系内的恶性行业竞争，进一步遏制不同金融市场间的风险传导问题，同时也能够有效防止金融体系通过银行资本等渠道对实体经济产生控制，影响实体经济的良性发展。而由于"利率管制"制度的实施，日本国内低利率环境极易加剧由原本经济低迷所引致的国内资金外逃的风险，因此，日本先后颁布了《外汇及外贸管理法》（1949年）和《关于外资的法律》（1950年），以实现隔离国内外金融市场的外汇管制效果。除此之外，日本战后金融管制法律体系还包括《证券交易法》（1948年）等，以上法律均构成日本在经济复苏阶段中维系国内金融秩序、保障国家金融安全法律体系的基础性内容。

而发展至20世纪70年代末80年代初，为顺应世界金融自由化和一体化趋势，日本国内的金融及其安全保障制度体系也在悄然做出回应与变革并进入快速发展期：日本政府开始逐渐放开金融管制，以实现国内金融体系与国际金融制度的接轨与融合。与此同时，日本也没有放松对由金融自由化、国际化所带来的系统性风险的警惕与防范，故日本政府在此阶段初期着手构建新型金融安全网。一方面，日本政府通过调整完善现有法律体系来逐渐放开传统的金融管制政策，如新的《外汇及外贸管理法》（1980年）、《银行法》（1981年）、《证券交易法》（1981年）陆续出台，以渐进式、分阶段实现日本金融的自由化和国际化目标；另一方面，日本政府同期通过构建新的法律制度体系，如存款保障制度来防范、化解新经济环境下所产生的风险及问题。故日本金融安全保障工作的重心也因此由第一阶段"事前规制"转向第二阶段的"事后防护"，如日本政府于 1971 年颁布并实施的《存款保险法》（由于日本经济环境的发展性特点，该法继首次实施后又发生了多次调整与修改），进一步强化了日本存款保险制度在化解风险、稳定经济方面的职能，日本政府逐步建立起以存款保险制度为核心的破产处理机制，并以此作为"事后防护"安全网的核心部分。[①]

（二）对外贸易及产业安全

为了追赶欧美，拓展更大的生存空间，日本立足于本国国情在 20 世纪中叶提出了"贸易立国"战略。为实现此战略，日本政府适时出台、修订相关贸易投资法以促进本国对外贸易的长足发展，同时对该过程中可能存在的各种经济风险及不确定性因素予以防范，其中主要包括《外汇及外国贸易法》《进出口交易法》。前者即为促进日本对外贸易长足、健全发展而设，是日本政府进行贸易管控的基本法。该法的基本精神遵循贸易自由原则，对外贸易及外汇活动在原则上自由开展，政府对外贸的管控区间与力度应该且必须控制在最小范围之内。后者则侧重于防范、应对对外贸易过程中各种风险及不确定性因素。例如，该法允许日本的贸易商之间在具体的出口贸易条件方面形成共识、协同作战，同时允许国内贸易商抱团并成立相应贸易组织，以在国际商务谈判中获得优势，必要时政府还可以通过行政命令的形式对外贸活动进行干预，以及时化解、抵御域外经济主体对本国产业带来的冲击及风险。

---

① 顾海兵，刘国鹏，张越. 日本经济安全法律体系的分析［J］. 福建论坛（人文社会科学版），2009（7）：4-11.

除此以外，日本政府还出台了一系列贸易配套法律：有关关税管理的《关税法》《关税定率法》《关税暂定措施法》等；有关商品进出口管理的《进口贸易管理令》《出口贸易管理令》《中小企业制品出口统一商标法》《日本贸易振兴法》等；有关外资管控的《商法》《促进进口和对日投资法》《反不正当竞争法》《商业登记法》《公司法》等。其中，日本政府还通过颁布并实施《贸易保险法》，对本国对外贸易过程中可能存在的，又是寻常保险不能覆盖的其他险种进行承保，以此为国内企业创造更好的进出口条件，具体险种包括普通出口保险、出口贷款保险、出口担保保险、预付进口保险、海外投资保险等。然而，日本的这种贸易保险制度往往被其他国家诟病为一种变相的国家补贴而屡遭投诉与制裁。

而在对内经济方面，日本根据不同时期对经济发展的不同需求，对重点发展的产业给予政策上的倾斜及优惠。通过颁布反垄断法禁止产业卡特尔的滋生，以提高国内企业的竞争公平性。日本在1947年首次颁布《禁止垄断法》，该法规定日本所有生产部门都必须遵守此规范，故该法在日本经济法律体系中处于核心的位置，是经济法律中的原则法与一般法。需要指出的是，虽然该法的主要适用对象是日本国内企业，但是如果存在可能的外源性风险对国内经济产生不利冲击，该法依然部分适用。例如在国际贸易中，当本国企业与其他国家存在合作协定时，该法依然可以发挥其维护本国经济安全及经济利益的作用；同时，该法禁止日本企业家签订任何包含不正当的限制交易或欠公正的交易方法等内容的国际协定或合同，尤其在知识产权领域，一旦发生此类情况，该法可以对任何此类不利于本国安全或利益的国际协定或合同予以监管与抵制。

（三）粮食安全

粮食安全对于日本国家安全至关重要。日本主要粮食品种是稻米、小麦和大豆等，粮食自给率及其变动是日本当局制定相关法律、政策的重要参考指标及调整依据。为了保障国内粮食安全以及国内农业健康发展，日本早在1961年就正式颁布《农业基本法》（旧基本法），其目的在于"缩小农业与其他产业的生产力差距，提高农业生产力，逐步增加农业就业者收入",主要包括国家关于农业的目标和措施、农业生产、农产品的价格及流通、农业结构的改善、农业行政机关及农业团体、农政审议会等内容。作为一部纲领性法律文件,该法不仅保证了这一时期农业政策的贯彻落实,同时也为后续农业、粮食安全方面的配套立法工作的进行奠定了基础。在《农业基本法》颁布并实施以后,日本政府又先后出台200多部配套农业法律,由此形成了较为完善的农业法律体系。而在该法律体系中,直接关乎粮食安全的配套法主要包括:关于扶持生产与完善农业基础方面的法律,如《肉用牛生产稳定特别措施法》《加工原料奶生产者补助金等暂行措施法》《蔬菜生产销售稳定法》《农业经营基础强化促进法》等;关于农业用地与农民土地权益方面的法律,如《土地改良法》《农地法》《关于农业振兴区域建设法》《农地调整法》等;关于农业灾害保险方面的法律,如《农业灾害补偿法》《农水产业协会存款保险法》《农林渔业者受灾等有关资金融通暂行措施法》《渔业灾害补偿法》等;关于农产品市场管理方面的法律,如《农产品价格稳定法》《畜产品价格稳定法》《主要粮食的供需及有关价格稳定的法律》等。而在1999年,基于《农业基本法》,日本政府出台了《食物、农业、农村基本法》(新基本法),该法突破了旧基本法只涉及生产、流通领域的局限,作为新的纲领性法律以更广阔的视角在确保食物稳定供应和安全保障、发挥农业多功能性、农业可持续发展等方面提出了更为详尽、适用的法律规范。

三、日本国家经济安全的组织机构

日本负责国家经济安全的行政机构主要为各行政主管当局。而在相关立法、执法层面,根据日本宪法规定,日本任何法律的立法程序首先要经过国会审议通过才能颁布实施,因此,日本有关经济安全的相关立法工作也自然只能由国会负责,而后续立法进程的推进,包括执行与实施则由日本内阁和内阁领导下的各个主管行政当局负责。同时,日本政府非常强调各行政当局之间的有机协调与相互配合,其具体表现为,除了内阁内部临时成立工作班子以应对突发事件外,政府内部还专门建立并长期执行了比较固定的内阁联席会议制度，从而使各个行政当局可以就关系国家经济安全的日常问题进行沟通协调，以推动日常性国家经济安全工作的正常有序开展。

在金融安全方面，日本负责该领域的行政机构包括金融厅、日本银行和财务省，可以说，这三者在不同环节与层面发挥其各自维护本国金融安全的职责。例如，金融厅作为日本金融体系主要监管权力机构来履行金融安全维护职责；作为日本的中央银行，日本银行主要通过行使"银行的银行、发行的银行以及政府的银行"三大职能来履行金融安全维护职责；财务省主要在国内外重大金融事项的管理决策层面，金融重大体制改革政策的制定、实施层面以及对金融机构予以法律监管层面来履行金融安全维护职责。

而在产业安全方面，日本主要相关负责机构是公正交易委员会，它在《禁止垄断法》的具体执行过程中发挥着核心作用。该机构最初由总理大臣管辖，后来改为总务省直属局，再后来出于对其中立性和独立性的考虑，日本政府又将其改由总理大臣管辖，为内阁府直属单位。该"公正交易委员会"由委员长和四名委员组成，任期五年。其中，委员长的任命和罢免须经天皇确认，而各委员则由内阁总理大臣在征得两院同意后从年满35岁、具有法律或经济学知识和经验的人中产生。该法同时禁止公正交易委员会成员参加政治活动和商业活动，以确保其公正性和中立性。[1]

在粮食安全方面，日本设立了食品安全局、食品卫生协会、卫生保健所等管理和监督机构。同时，日本内阁府还增设了食品安全委员会，其直接对首相负责，任务是负责对涉及食品安全的事务进行管理和评估，农林水产省设立了"食品安全危机管理小组"，建立内部联络体制，负责应对突发性重大食品安全问题。日本的粮食安全监督按照农产品从生产、加工到销售流通等环节来明确有关政府部门的职责。其农产品质量安全管理由农林水产省和厚生劳动省负责，直接面向农产品的生产者、经营者和消费

---

[1] 顾海兵，刘国鹏，张越. 日本经济安全法律体系的分析[J]. 福建论坛（人文社会科学版），2009（7）：4—11.

者。其中，农林水产省主要负责国内农产品生产环节的质量安全管理，如对农业投入品（如农药、化肥等）的生产、销售、使用的监督管理以及进口农产品、国产和进口粮食的安全性检查等。厚生劳动省主要负责加工和流通环节农产品质量安全的监督管理。农林水产省和厚生劳动省之间既有分工，又有合作。[①]

第三节 俄罗斯经济安全模式及制度构建

一、俄罗斯国家经济安全观

自独立以来，俄罗斯经济一直低迷不起，各种危机交替、频繁发生，尤其是金融危机发生之后，国民经济濒临崩溃，国家经济安全面临极大威胁。因此，为摆脱经济危机的长期困扰，促使国家经济尽快恢复并步入正轨，"治内乱、御外患、摆脱危机、复兴大国"的经济安全观被逐渐明晰并确定下来。早在俄罗斯1997年出台的《俄罗斯联邦国家安全构想》中，经济安全问题就被置于头等地位。作为一份政治文件，该构想是俄罗斯国家有关抵御内外风险、保障国家安全的具体纲领和文件的基础。而在经济安全方面，俄罗斯人坚持认为，只要政治稳定，经济上坚持一条适合本国国情的发展道路，俄罗斯就必然能够逐步脱离困境，走入强国之列。基于该理念，俄罗斯国家经济安全观要求其经济不但要发展，而且必须是安全的，两者缺一不可；同时，维护国家经济安全，重点在于国内经济问题得到解决，而相比之下，对外经济关系的发展与维护则并不十分突出。因此，美、日等国的经济安全观是基于发达的社会经济条件，而俄罗斯的国家经济安全观则是基于生存基础。而在不断的摸索与实践之中，俄罗斯也逐渐明确，实现并维系国家经济安全的唯一、可行途径是立法，通过相关法律、法规的制定及实施，方可保证经济发展的成果不会被各种隐患所侵蚀。

---

① 广东省经济安全研究院，广东国际经济协会课题组. 世界大国经济安全研究[M]. 广州：中山大学出版社，2016：140—144.

二、俄罗斯国家经济安全的立法概况

(一) 金融安全

为抵御金融领域的系统风险，俄罗斯政府在银行业、证券业以及保险业均设立了较为系统的法律体系，并适时根据客观环境以及实际情况的变化对现有相关法律进行变更。以银行业为例，根据1995年所通过的《俄罗斯联邦中央银行法》和《俄罗斯联邦银行和银行活动法》，俄罗斯银行体系从原来计划经济体制下的一级银行体制变更为市场经济国家广泛推行的二级银行体制，即以中央银行为领导，商业银行为主体，多种金融机构并存的银行体系。因此，俄罗斯政府也通过一系列法律法规逐步明确，对于存在国家资本参股的银行，应逐渐缩减国家参股份额或从银行资本中完全退出，进而改变国家通过参股方式对商业银行及其日常管理施加直接影响的做法。继此次银行制度的重大变革之后，俄银行体系内相关安全立法也日趋成熟、完善。首先，在外资银行管制方面，中央银行有权对外资银行的申报及经营进行审批与监督，对于不符合要求的银行可以不予批准甚至可以终止其经营。而《关于外资信贷机构登记的特殊性和已登记的信贷机构利用外资增加法定资本金获得批准的程序》（1997年）以及《俄罗斯联邦银行及银行活动法》是两个最为基本的法律文件。俄罗斯政府对于外资银行整体上是持鼓励态度的，比如欢迎外资投资合资银行或参股俄罗斯本土银行，在俄领土兴办外国银行分支机构也是允许的，但是对于新建资本完全属于外国法人和自然人的外国银行，俄罗斯政府持谨慎甚至是拒绝态度。同时，俄罗斯中央银行高度关注并严格调控外资银行的法定资本规模以及俄籍员工比例。例如依据《俄罗斯联邦中央银行法》，外资在俄银行总资本中不得超过25%；外资银行中，如长期执行机构职能的人为俄籍人员，则该银行中俄籍员工比例应高于75%（含75%），若该银行长期执行机构职能的人为非俄籍人员，则该外资银行的俄籍员工比例须不低于50%。同时对于资本外逃方面的问题，俄罗斯设立了金融监控委员会，并加强对资本金融账户的日常管控与监督。依据《俄罗斯联邦反洗钱法》

(2002年),银行及其他信贷机构必须对自然人和法人的现金交易(如外汇买卖、本外币兑换等)进行跟踪、监控,一旦超过一定资金规模(如60万卢布)或有其他可疑现象,须及时向金融监控委员会汇报。

(二)对外贸易及投资安全

为适应国内经济发展的客观需要,并结合国际经济一体化的演变趋势,俄罗斯的贸易立法自20世纪90年代以来就呈现出"外松里紧—紧中有松—松紧适度"的特点。1991年,俄罗斯先后颁布著名的《俄罗斯总统关于在俄罗斯联邦境内对外经济活动自由化的命令》以及俄罗斯第一部《俄罗斯联邦外国投资法》为贸易自由化的初步实现奠定法律基础,如首次废除国家对外贸的垄断管制,减小许可证和配额管制力度,同时逐步下放商品经营权,并渐进式地实行卢布自由兑换,调整进出口关税政策,对进口商品不再实行行政分配,而是由市场决定其价格。后于1995年,俄罗斯颁布了《关于开展对外贸易活动的基本原则》,并取消了重要原料商品进出口许可证制度。

自俄罗斯开展"休克疗法"以实现经济转轨后,俄罗斯政府以及各级立法机构在社会经济领域制定了多部涉外法律法规,如《海关法》《外汇调节和外汇监督法》《对外商品贸易中对俄罗斯联邦经济利益保护措施法》《税收法典(第一部分)》等。然而由于存在传统的排外心理和贸易保护制度,为防范外国的企业和投资者占领本国市场,同时保护本国经济,并使其不受国外商业竞争的影响,俄罗斯政府在立法时对涉外企业和投资者设定了形式各异的限制,因此,该阶段俄罗斯涉外经济法律体系,呈现出"外松内紧"的特点,仍然采用以俄为主、为俄服务、加强控制的传统经济法律框架的方式。

然而继普京总统执政后,俄罗斯政府高度重视经济发展,"为国家谋求经济利益"被放置于对外战略的重要位置;加强法制建设,尤其是涉外经济法律法规的制定与完善成为全国立法工作的重点。因此,俄罗斯先后修订并颁布了《俄罗斯联邦外国投资法》(新版)以及《俄罗斯联邦产品分割协议法》(2000年);2002年之后,俄罗斯已逐渐被美国、欧盟接纳为市场经济体制国家，其外资投资基本条件已基本成熟，为进一步构建符合经济全球化的市场经济体制，俄罗斯加大了立法工作力度，仅2002年就通过了46项法案。为吸引外资，创建良好的投资环境，俄罗斯先后颁布了《税收法典》修订版、《固定资产投资活动法》《法人登记法》等，而尤其是有关限制寡头垄断规定的落地与实施，则进一步为市场竞争机制和规则的建立创造了条件。2003年，俄罗斯制定了《外汇调节和外汇监督法》，其中规定俄罗斯政府及其央行将仅对程序性和技术性的外汇调节问题发布标准法令，此举进一步放松了俄罗斯的外汇管制，更利于营造自由开放的贸易环境，故此阶段俄罗斯的对外贸易法律体系总体呈现出"紧中有松"的特点。

而随着市场经济的持续发展，尤其是经济全球化的不断推进，俄罗斯政府在对外经济贸易方面的立法工作有进一步收紧态势，目的是进一步维护本国贸易安全。最具代表性的例证是，仅2006年一年，俄罗斯就先后于1月1日、2月18日、11月14日三次修改海关法典，通过对某些特殊商品或者特别国家的进口行为征收特殊关税、拒绝放行以及设置进出口关税壁垒等措施保护本国经济不受国外商业竞争的影响。

俄罗斯政府对外资引进的态度则一贯谨慎有加。基于投资安全考虑，俄罗斯政府对其所认定的战略性行业采取了严格的保护措施，对外资进入相关领域甚至予以明令禁止。如1996年，俄罗斯议会制定了《俄罗斯联邦经济安全指标清单》，严格禁止外国投资者进入本国敏感性领域。而《俄罗斯联邦国家安全构想》（1999年）对此问题又进行了专门阐述，特别强调"保障俄罗斯联邦的经济安全和经济利益是国家政策的主要内容"，"国家应当参与对外国银行、保险公司和投资公司活动的调控，制定某些限制性措施，限制外国公司开发具有战略意义的自然资源、远程通信和交通网"。

近年来，随着世界经济一体化和国际资本流动性过剩问题的进一步显现，全球范围的企业并购浪潮此起彼伏，同时强烈的经济民族主义也不断抬头。西方发达国家对一些跨国公司的并购行为筑起壁垒，甚至公开阻挠。基于西方发达国家对外资并购行为所采取的态度和做法，一些发展中国家也纷纷效法，主动放缓开放步伐，抵御外资进入本国关键经济领域。在这一大背景下，为了保障国家安全、维护国家利益，俄罗斯于2008年颁布了《对保障国防和国家安全具有战略意义的商业组织进行外国投资的程序法》（以下简称《外国投资程序法》），对外国投资者和有外国投资者加入的经济实体在国内特殊领域或者对本国特定商业组织，尤其是对保障国家国防和国家安全具有战略意义的商业组织进行投资的行为，作了一系列限制性规定，以避免外资通过对具有战略意义的商业组织注入资本，或者进行某些交易而达到对具有战略意义的商业组织实施控制的目的，这样做也有助于为外国投资者创造可预测和透明的商业环境。[1]

（三）粮食安全

作为国家安全的重要组成部分，粮食安全问题在俄罗斯社会由来已久。事实上，粮食问题与能源问题早在苏联解体之前就相互交织、此起彼伏，再加上同期国内存在贪腐严重、过分重视国防等问题，最终引致苏联政局动荡。在"二战"以后，由于苏联与美国展开全面争霸，巨大的国防支出使苏联的经济结构持续畸形发展，苏联农业长期停滞不前。而发展至1963年，苏联国内粮食更是大幅度减产，苏联竟然消耗国家近三分之一的黄金储备用于粮食进口，可见苏联的粮食缺口有多大，在此期间，苏联经济主要依靠石油输出来维持。而到了20世纪70年代末，其他在政治上与苏联对立，但同时又是苏联同期出口石油的消费国，为防止在未来冲突中处于被动地位，纷纷开始降低各自从苏联的石油进口量，使苏联的石油无法继续为国家创造大量利益，自此苏联石油经济的黄金时代一去不复返。雪上加霜的是苏联的轻工业和农业生产在持续恶化，到了1975年，苏联已经确立纯粹的粮食进口国地位，进口的数量在500万吨以上。到了20世纪80年代，随着苏联经济跌入低谷，苏联国内粮食供求缺口越来越大，苏联不得不依靠大量进口来弥补这些缺口。然而雪上加霜的是，此后随着中东

---

[1] 裘敬梅. 俄罗斯立法保障国家经济安全[J]. 中国人大，2009（19）：52－53.

局势逐渐趋稳，其整体石油产量逐步提高，国际石油价格也相应下降。这对苏联的打击是巨大的，石油价格的大幅度下降，使苏联不再有之前丰厚的外汇收入。更为致命的是，苏联自身的石油产量也在大幅度下滑，苏联境内石油产业发展遭遇瓶颈，不仅几大油田产量均呈现下滑态势，新的油田的开采难度也在加大，外汇收入急遽下滑，而同期国内粮食供求缺口日益扩大，苏联入不敷出，最终形成了满盘皆输的局面。到了20世纪80年代末，苏联陷入了严重的经济危机中，经济出现负增长，国内政局的动荡也随之开始。

基于如此背景及渊源，有关粮食安全的立法问题在俄罗斯社会中早已引起广泛关注。其国内有关粮食安全的立法工作在具体实践中主要集中在《国家需要的农产品、原料及粮食采购供应法》和《联邦农业发展法》两部法典中。前者不仅把保障粮食安全确立为该法重要的立法目标，同时也明确地把粮食安全提升到国家安全的高度，通过立法来保障国家安全需要的粮食采购供应。该法第2条规定，采购和供应国家需要的农产品、原料及粮食的目的在于满足俄罗斯联邦和联邦主体的需要，执行旨在保障居民粮食供应的联邦农工生产发展纲要及其他经济社会纲要，保证农产品、原料及粮食的出口，建立国家农产品、原料及粮食储备，保证国防和国家安全部门所必需的粮食供应。该法主要从粮食储备分级制度、政府采购制度、政策激励制度和综合法律责任四个方面保障满足国家安全需要的粮食采购供应。

俄罗斯农业领域经济增长率一直远低于第二、三产业，这显然极不利于社会经济结构的协调发展，并对国家经济安全构成威胁，故在保障农业发展的立法方面，俄罗斯颁布并实施了《联邦农业发展法》（2007年）。该法清晰界定了农业发展的定义，以及农产品生产者（包括个人和法人团体）和政府部门之间的关系，并详细阐述了俄政府农业政策的总体目标、原则、方向和措施，为在农业发展领域实施国家社会经济政策奠定法律基础。其具体内容包括：相关制度体制和经济措施的制定、农产品运输问题的解决方案、农业现代化技术支持的实现途径、进口政策的再调整以及国家粮食安全监测体系的构建等。《联邦农业发展法》不仅旨在提高俄罗斯农业竞争力，促进俄罗斯农业和农村地区的稳定发展，而且从宏观经济安全的结构要素来说，其也是维护国家经济安全的重要法条之一。

而在农业用地方面，众所周知，俄罗斯的国土面积居世界第一，尽管其大量国有土地已被快速私有化，但国有土地比重仍然过大。因此，在向市场经济转型的过程中，如何科学有效地管理、规划土地资源，如何保障基本必要农业安全用地是俄罗斯政府面临的首要土地问题之一。在农业用地执法方面，俄罗斯主要依据的是《俄罗斯联邦土地法典》（2001年）和《俄罗斯联邦农用土地流通法》（2002年）。首先，《俄罗斯联邦土地法典》清晰规定了农业用地的定义、范围及使用权等内容。如该法典总则部分的第二条明确规定，根据俄罗斯联邦宪法，土地立法由俄罗斯联邦和俄罗斯联邦各主体共同管辖。土地立法由本法典、联邦法律和根据本法典及联邦法律制定的俄罗斯联邦各主体的法律构成。在其他联邦法律、俄罗斯联邦各主体的法律中包含的土地法规范，应当与该法典保持一致。土地关系也可以由俄罗斯联邦总统命令调整，但不应当违反本法典和联邦法律。由此可见，《俄罗斯联邦土地法典》在俄罗斯土地管控的法律适用中拥有至高无上的权威地位。相比之下，《俄罗斯联邦农用土地流通法》则更集中、具体地阐述了俄罗斯在农业用地方面的法律规定，其主要包括：（1）对农业用地流转权利进行限制。如依据该法，可以合法流转的农业用地包括可以由私人所有的农业用地地块以及按份所有的农业土地份额；对可以拥有农业用地的公民和法人进行规定；对最能有效利用农业土地的交易面积和使用规范进行明晰。（2）对合法取得农业土地的途径进行说明，如可合法通过买卖、租赁、招标和拍卖、优先购买权、按份持有等方式获得农业土地，同时，基于保障农业用地及其交易的安全性目的，该法也对以上各种方式做出了详尽具体的限制和规定。

三、俄罗斯国家经济安全的组织机构

俄罗斯历来高度重视自身的安全问题，可以说是世界上较早提出国家经济安全战略的国家。而与多数国家一致，俄罗斯政府也没有设立专门机

构负责经济安全事宜，该问题更多的是由俄罗斯联邦政府联合财政部、经济发展部、国家统计委员会、联邦中央银行、安全会议机关、俄罗斯农业部、工业与贸易部等大多数经济相关职能部门共同负责。而《俄罗斯联邦国家经济安全战略》明确规定，俄罗斯财政部、经济发展部、国家统计委员会、联邦中央银行和安全会议机关是俄罗斯的重要金融安全负责部门。俄罗斯联邦金融监管局、联邦税务局等也负有一定的安全责任。在金融监管方面，俄罗斯银行——俄联邦中央银行为俄罗斯金融监管的主要负责部门。俄相关法律明确规定了央行应对控制货币流通、对外经济活动以及对股份制银行和合作银行的监管等事宜负责。在2013年之前，俄罗斯的金融监管工作主要采用的是分业、多头的管理模式，信贷市场主要由俄联邦中央银行负责监管，资本市场则由金融市场局负责监管，财政部同时也承担部分金融监管职责，而2013年之后，俄罗斯总统普京签署法案，正式宣布组建大金融市场监管机构，且该机构直接隶属俄联邦中央银行。根据法案，俄联邦中央银行不仅对金融信贷市场予以监管，同时还要取代传统的金融市场局对包括证券商、保险公司、小金融组织、交易所投资和养老基金在内的所有金融机构的经营活动实行全权统一监管。俄联邦中央银行成为统一和最高的金融监管机构。该法案的实施标志着俄罗斯金融监管体制的重大变革开始了，原来分业、多头的监管模式正式终结，取而代之的是统一的、综合的大金融监管模式。此举是顺应全球金融制度改革发展趋势的决策，必定会在促进俄金融、支持新经济发展、有效维护俄金融稳定和经济安全方面起到更大的作用。

在粮食安全方面，俄罗斯联邦政府主要通过俄罗斯农业部和地方自治机构实现农业安全监管，以保障粮食安全。作为联邦权力执行机构，俄罗斯农业部主要根据国家政策，适时拟定并实施相关政策、法规，以实现社会经济及其结构的协调、可持续发展。在粮食安全方面，农业部为农工综合体提供包括农用地的配置及管理在内的国家服务，对农业部下属企业及其他组织机构的国家财产进行管理，对育种机构、联邦兽医与植物保护监督局、联邦林业局进行管理、监督和协调，并根据《俄罗斯联邦农业发展法》对农业项目实施拨款及其他国家支持。除了农业部外，俄罗斯还通过一系列地方自治机构，对粮食安全，尤其是种子安全问题进行监管。俄罗斯联邦政府通过联邦国家机构——俄罗斯农业中心、国家良种委员会对地区一级育种工作进行组织管理，这两个机构在各地区均有分支机构。这些分支机构和地区农业管理机构、育种协会及育种联盟协同工作，以保障种子安全。①

而在贸易及产业安全方面，俄罗斯的贸易安全主管部门包括：经济发展部、财政部、外贸保护措施及关税政策委员会、资产基金会、司法部国家注册局、联邦海关总署、联邦政府外国投资咨询委员会和最高仲裁院等。在俄罗斯对外经贸的具体实践过程中，联邦海关总署和俄罗斯联邦政府外国投资咨询委员会发挥着重要的作用。在外资引进方面，对外国投资进行安全审查的管理机构主要有俄罗斯外国投资监督委员会、俄罗斯反垄断局、俄罗斯跨部门国家秘密保护委员会、俄罗斯安全局。

---

① 广东省经济安全研究院，广东国际经济协会课题组. 世界大国经济安全研究[M]. 广州：中山大学出版社，2016：140－144.

第八章
新时期维护我国国家经济安全的制度建构

"国家经济安全"是一个重大现实问题,一国经济安全状态涉及范围之广、产业之多决定了保障国家经济安全的制度设计也是一项广覆盖、全过程的系统性构建工作。本研究拟从制度设计与程序执行两个角度对维护我国经济安全的制度体系予以构建。在制度设计方面,主要依据制度构建逻辑中的顶层制度与部门制度结构予以展开;而在制度的执行实践方面,则主要从实施过程角度,依次对我国经济安全的决策、监督、评估及预警几个环节进行制度构建。

一、顶层制度设计与部门制度设计

由于之前若干章节已对我国各产业安全现状以及相应安全制度予以构建,此部分不再对我国国家经济安全的部门制度设计(维护部门安全的相关立法以及政策设计)展开铺叙,而是重点对设计并构建我国国家经济安全的顶层制度展开分析与讨论。

维护我国国家经济安全的顶层制度设计强调,在构筑维护经济安全的制度框架过程中,着眼于我国长治久安、遵循增量改革思路,其基本功能应体现在,对外能够有效、及时化解重大国际经济风险及危机,使本国市场、产业不受结构性冲击,并在国际市场上拥有持久、活跃的竞争力、参与度，同时为本国企业参与国际竞争创建并维持一个公平的环境及开放的平台；对内拥有一套良性的经济运行机制，可以有效化解经济周期性、结构性风险，使国内各产业、各部门有序、高效、和谐运行，进而保障我国国民经济健康、稳定、持续运行。

而一国经济安全作为国家安全体系中的重要部分，在顶层设计方面也必然要与我国国家安全制度体系保持一致。我国国家安全体制框架已基本搭建完成，其具体包括2014年1月24日正式设立的中央国家安全委员会、2015年1月23日发布的《国家安全战略纲要》以及2015年7月1日通过的我国新《国家安全法》。其中，国家安全委员会是中共中央关于国家安全工作的决策和议事协调机构。纵观世界主要发达国家实践活动，无一例外的是，国家安全委员会均为各国政府的重要研判与决策机构，其设立有利于提高国家在应对各种安全危机和挑战时的综合应变能力和全局维稳把控能力。而经济安全作为国家安全的重要组成部分，我国国家安全委员会也应当具有相应的经济职能和配套的组织设计。而《国家安全战略纲要》作为我国"总体国家安全观"战略思想的具体表现，其中11个领域的国家安全中，经济安全处在基础安全的地位。以《国家安全战略纲要》为基础制度，构建国家经济安全的各个领域及其制度体系，方可分系统、成体系地维护我国国家经济安全，为我国社会发展以及经济运行筑建安全防护墙。我国2015年7月通过的《国家安全法》，作为一部以国家安全为核心的综合性、全局性、基础性的立法，首次明确了经济安全的法律地位，为经济安全的制度构建及其后续修订与完善奠定了法律基础。该法强调，国家维护国家基本经济制度和社会主义市场经济秩序，保障关系国民经济命脉的重要行业和关键领域、重点产业、重大基础设施和重大建设项目以及其他重大经济利益安全。同时，该法第二十条、第二十一条、第二十二条、第二十四条先后明确金融安全、资源能源安全、粮食安全、科技安全等方面的重要性并提出具体规范及要求。因此，作为一部综合性法律，新

《国家安全法》应构建中国特色国家经济安全制度体系的迫切需要，为构建维护国家经济安全的制度体系提供法律支撑以及制度基础。

二、我国国家经济安全决策机制设计

为确保我国可形成一个高效运转的国家经济安全体系，首先必须解决的问题就集中在国家经济安全决策机制的设计环节。而通过该机制设计，至少要回答几个问题："由谁决策""决策什么""如何决策""如何执行"。首先，毫无疑问，在市场经济国家中，一国政府应该对维护本国国家经济安全负有重要责任，这主要是基于"国家经济安全"的"公共品"性质，向社会抑或市场主体提供公共品是一国政府责无旁贷的应尽职责。另外，如若一国经济陷入"非安全"之中，必要情况下需要借助行政权力和行政组织体系，协调各地方政府部门，甚至需要采取非常手段，紧急动员国家力量，而在上述情况之下，唯有一国政府凭借其行政权力以及相应的国家行为方能担此大任，可以有效地履行其维护国家经济安全的职责。而构建一国国家经济安全的决策机制最重要的原则即民主性与科学性。"民主"是"科学"的基础，没有"民主"，就不可能有"科学"。限制经济安全决策的民主性，就必然制约经济安全决策的科学性。[1] 国家经济安全的民主性与科学性一方面体现在集体决策机制上，主要包括负责经济方面的中央领导人、各经济部门负责人、地方政府相关负责人以及包括经济领域在内的各领域研究团队等，集众人之力来对事关国家经济安全的重大事宜进行集体讨论、民主决策；另一方面，其科学性还体现在决策过程必须依据客观事实、调查数据展开，可依托现代化大数据技术，以精准识别、有机判别、全程把控、价值回溯为主线，将决策过程要素与科学技术要素相融

---

[1] 雷家骕. 国家经济安全：理论与分析方法 [M]. 北京：清华大学出版社，2011：335.

合，为决策提供信息参考。基于此，如图 8-1-1 所示，在组织层面上，我国未来国家经济安全决策机制可设计如下：

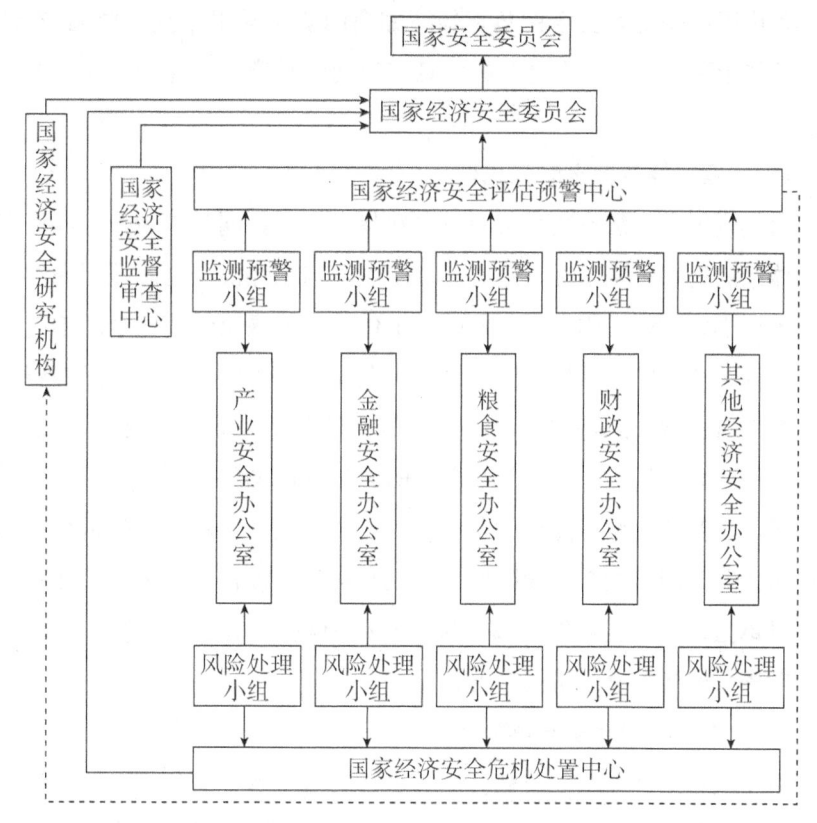

图 8-1-1　我国未来国家经济安全决策机制组织设计建议

（一）国家安全委员会

国家经济安全重大问题，既不能靠某一单独经济部门来解决，也不能靠单纯政治领导机构或军事领导机构来研判，其必须由最高级别的国家安全委员会做出决议。而作为我国国家安全工作的决策和议事协调机构，国家安全委员会应定期或不定期对国家经济安全进行分析研究，听取国家经济安全委员会关于经济形势的一系列监控、预警汇报，并对国家经济安全战略和国家经济安全报告进行审议，最终提出应对策略并做出决定。

（二）国家经济安全委员会

国家经济安全委员会为国家安全委员会下设机构，是有关经济安全问题决议的日常执行机构。由于该委员会执行决议的过程将涉及多部门、多领域通力协作，在执行决议的过程中，各经济部门或者地区之间的意见与行动须由国家安全委员会中负责经济方向的安全秘书来统一协调与调配，保证系统上下、部门左右之间的信息交流通畅且充分，保证决议目的的最终实现。

（三）国家经济安全研究机构

为实现国家经济安全决策的民主性与科学性，同时也为确保经济安全制度体系的动态可调整性，建立一个专注于国家经济安全问题研究的科研机构十分必要。该机构主要负责如下工作：开展国家经济安全理论与制度研究，并结合国家统计局及国家经济安全评估预警中心递交的经济安全信息，制定有关国家经济安全战略的草案（及其未来修订及更新）；定期发布国家经济安全报告；根据复杂多变的国际发展形势，结合国内发展现状及需要，防范和化解可能会对我国经济安全造成冲击和危害的危机。由于该机构研究范围可能涉及我国敏感和机密信息，该机构须为常设化实体机构，可单独设立，也可以隶属某国家科研机构，如国务院发展研究中心，直接对国家经济安全委员会负责。

（四）各专业经济安全办公室

由于国家经济安全涉及社会经济运行的各个部门与领域，国家经济安全工作可由各部门、领域内的经济安全工作组成，故其下可设立各部门、领域经济安全办公室分支机构。各经济安全办公室主要负责本部门、领域内相关经济安全事宜，如草拟本部门安全发展战略、定期发布各部门经济安全报告；收集本部门经济安全信息及整理相应的部门安全预警工作（监测预警小组）；同时，各经济安全办公室还是本部门领域发生风险甚至危机时的事中、事后应对处置的执行主体（风险处理小组）。

（五）国家经济安全监督审查中心

国家经济安全监督审查中心的具体职能体现在通过运用法律、经济、技术等手段，对社会经济各层次、各领域进行强制性、规范性的监督与审查，旨在及时发现和纠正各种可能违反国家根本利益、背弃国家宏观调控政策等一切威胁国家经济安全的经济行为。其具体职能范围包括对重要行业（如金融业、房地产行业等）的日常监管、企业层面外资并购审查，能源领域的耗能额度监察、资源储备监管等。除此之外，对于一些重大国家、政府行为，如国际贸易摩擦、政府政策突变及重大政策出台、政府重大工程等可能对国家经济安全造成影响的国家行为进行评估审议，预估其可能造成的影响，并提出干预方案，进而对相应行为做出调整。

（六）国家经济安全评估预警中心

国家经济安全评估预警中心在图 8-1-1 中实际可划分为两大部分：一是安全评估中心；二是安全预警中心。前者负责经济安全信息的调查、收集、整理以及传导并重点对国家层次的安全状态进行评估；后者主要承担对我国国家经济安全态势进行研判，并发布预警信息的职能。该中心直接对国家经济安全委员会负责，其具体组织运行如下：各部门、领域经济安全办公室下属监测预警小组由各部门相关信息、研究机构联合而成，它们密切跟踪国内外经济运行情况，结合一系列行业指标、价格信号的调整及时准确地掌握各部门可能出现的危机方向，把握和评价各种紧急事态对本部门经济安全的影响；对可能威胁部门、国家经济安全的各种因素进行监测，然后按预设程序与要求，把有关经济安全信息及研判结果，上报至国家经济安全评估预警中心，该中心在对所有经济安全信息、研究结果进行初步综合分析后，上报国家经济安全委员会并同时通报国家经济安全研究机构，由国家经济安全委员会进一步研判是否呈交国家安全委员会予以讨论及决策。

（七）国家经济安全危机处置中心

我国当前的宏观经济调控系统中尚无部际协调机构，在遇到需要跨部门或者跨行业协调共议等事宜时，往往是由宏观经济管理部门牵头，相关部门协办予以完成。这种做法仅为应急之策，并不能从根本上查找风险源头，也不便于追责问责机制的施展。因此，在国家经济安全体系中成立国家经济安全危机处置中心确有必要。该中心类似于国家经济安全体系下的应对潜在风险或实发危机的执行机构，且该中心须以国家经济安全监督审查中心的数据以及国家经济安全评估预警中心的结果为危机处置和管理的依据。国家经济安全监督审查中心或国家经济安全评估预警中心的审评结果被上报至国家经济安全委员会后，国家经济安全委员会研究后决定是否上报至国家安全委员会，国家安全委员会通过会议集体研判、作出决策，决策结果可视风险危机的影响破坏程度，或直接由国家安全委员会下达至国家经济安全危机处置中心，或先交由国家经济安全委员会，国家经济安全委员会再将危机处置意见下达至国家经济安全危机处置中心，最终由中心内各专业小组会同相关政府机构综合处理并予以执行。在其职能界定方面，国家经济安全危机处置中心不仅要及时应对可能发生的风险，还须未雨绸缪，根据国际国内经济发展状况，借鉴他国经验，提前研究制订防范各类经济危机的方案措施，制订经济危机爆发后的事中、事后处理预案，以提高我国宏观经济的风险抗击打能力。

三、我国国家经济安全监督审查机制设计

坚持底线思维，增强忧患意识，是准确研判国内外发展态势、谋求一国经济安全的思想准备前提。在复杂多变的国际背景之下，一国经济发展的诸多风险、问题盘根错节，这些因素再经由经济全球化和网络技术信息化传导，极易形成连锁反应与联动效应。我们必须通过系统、及时、严谨、客观的监督和审查等一系列执纪工作，准确把握我国经济发展及其安全形势的新特点、新趋势，统筹做好国家经济安全各项工作。

（一）国家经济安全监督机制

建立健全我国国家经济安全监督机制首先要求切实防范敌对势力通过意识形态领域的渗透侵蚀我国经济制度并扰乱我国正常的社会发展与经济建设。由于世界上各个国家、经济体之间的互动合作越发频繁，思想文化上的交流也日益增多，意识形态领域逐渐分化出先进意识形态与落后意识形态。一般来说，先进的意识形态会促进一国社会发展与经济改革，而落后的意识形态则会阻碍一国经济体制和经济运行机制的选择和实施，不利于一国整体安全态势与经济发展。因此，我们必须在国家经济安全的日常

监督环节,高度重视意识形态问题,牢牢把控意识形态工作的领导权、管理权、话语权,确保我国全市场、各领域经济运行处于整体可管可控状态,保证我国经济的良性发展。在经济安全监督体系设计方面,可以我国国家权力机关为监督主体,并构建经济监督子系统作为监督执行机构。根据我国现行政体,在经济监督体系中,监督主体体系可按"四大系统"予以构建。"四大系统"包括:(1)国家审计署,作为高层监督主体,由全国人大任命、授权,并向全国人大负责;(2)各部门专业经济监督机构,作为上层监督主体,由国务院任命、授权,并整体向国务院负责;(3)地方经济监督部门,作为中层监督主体,由国务院所属各经管部门和地方政府双重授权,并同时向授权部门负责;(4)基层经济监督部门,作为基层监督主体,由上级地方经济管理部门和上级地方政府双重授权,并同时向授权部门负责。

而在负责具体日常监督工作的执行机构——监督子系统中,除审计是专职监督子系统外,我国现有的其他监督子系统均是由行政机关授权的兼职监督子系统。而监督子系统的具体职能可梳理如下:(1)审计监督子系统,其基本职能是对各种监督客体的经济活动予以监督,特别是对政府宏观经济决策制定与执行的监督、财政收支和国有企业财务活动的监督;(2)计划监督子系统,其基本职能是监督国民经济计划执行、运行情况;(3)财政监督子系统,其基本职能是监督国家财政资金的筹集和运用,国有资产的保全和增值,包括对税收、国家预算、政府采购、财政支付、国有资产、国债、会计信息质量等方面的监督;(4)金融监督子系统,其基本职能是监督货币流通、信贷规模和国内外金融市场运行等;(5)统计监督子系统,其基本职能是在收集和提供经济统计信息的过程中,对国民经济运行状况进行宏观预警和微观监督;(6)工商行政监督子系统,其基本职能是对工商企业的设立、变更、撤销及生产经营的合法性实施监督;(7)物价监督子系统,其基本职能是对工商企业的定价行为和市场物价总水平实行监督;(8)纪检监察子系统,其基本职能是监察与处置国家公务员经济违法与违纪状况及其他渎职行为。

在以上所构建的经济安全监督体系中，各监督主体之间应有必要的相互制约和信息共享机制，且现有各经济监督子系统在内部分工组合以后，应当既有总系统的协调能力和控制能力，又能充分发挥各自的能动性，这一系统实施事前、事中、事后的全过程监督，其监督内容包括各级政府与各种经济主体的经济行为和行为人，以及经济运行的状况。[①]

（二）国家经济安全审查机制

本研究所构建的国家经济安全审查主要是指对我国外资引进中的外资并购予以审查。首先，机构常设化是进一步确定机构人员组成与权责分配的基础条件。而我国目前安全审查机构多属于临时性机构。因此，在经济安全审查系统中，首先需要落实推进的便是经济安全审查机构的常设性设立，并在其下设日常工作部门。

其次，在经济安全审查机构的组织构建方面，我国目前所采用的是"双牵头"体制，即外国投资主管部门与国家发展改革委同时牵头，其中外国投资主管部门为主要执行部门，对安全审查工作具体事宜予以执行并负责，而国家发展改革委则为监督和协助部门，主要参与安全审查的决策工作。然而此种制度设计在实践运用中，往往存在审查成本高、审查效率低等问题。鉴于此，我国可参照美国做法：美国的安全审查机构（美国外国投资委员会，Committee on Foreign Investment in the United States，CFIUS）是由一系列政府部门组成的办事机构，由11个政府机构领导与5个观察员组成，财政部为常任机构，且财政部部长兼任该委员会主席，而其他代表则来自包括国防部、商务部以及国土安全部等在内的各大部委的工作人员。因此，在机构设置方面，我国经济安全审查机构可由常设部门与临时部门构成，以确保组织职能的稳定性、灵活性以及专业性。在常设部门的人员组成方面，由于外资并购领域所涉专业、领域众多且多变，为尽可能地满足现实多种安全审查的需要，我国在选择安全审查机构常设人

[①] 广东省经济安全研究院，广东国际经济协会课题组. 关于建立我国国家经济安全保障机制的研究 [M]. 广州：中山大学出版社，2016：136－137.

员时须考虑固定人员的专业及其所在领域的多样性及全面性。同时，为避免滥用职权，审查机构常设部门人员之间应该保持有效的权力制衡。最后，随着经济全球化的不断推进与发展，我国外资并购所涉及的领域将越来越多，同时结合组织规模的适度原则，经济安全审查系统下常设部门规模不宜过大，固定成员人数不宜过多，不能涵盖所有专业与领域，故在必要的情况下，需要引入临时人员。而临时人员及其专业的选择则需依据具体审查客体及所在领域予以确定，由牵头部门选拔并上报至国家经济安全委员会决定。

而在审查程序方面，须区分普通并购审查与重大并购审查两种不同情形。在普通并购审查案件中，经济安全审查通过标准不宜设置得过高或过低，如果过高，如一票否决制，一方面会加重审查机构日常工作量，另一方面不利于外资引入环境的优化，有可能导致经济问题政治化的嫌疑；而审查通过标准过低，如简单多数原则，则会造成审查条件过于宽松的问题，这显然不利于我国经济安全的保障与维护。因此，我国可考虑采用"绝大多数通过"标准来对普通并购案件予以审查裁决，如果绝大多数成员认定该项并购案件不存在威胁国家经济安全的可能，则裁定该案件经济安全审查通过。而对于重大并购案件的审查，应遵循谨小慎微的原则，我国仍需采用"一票否决"高标准通过制度，即只要有一个成员认定该特别交易存在危及国家经济安全的可能，则认定该项并购不能通过安全审查。

而在我国当前经济安全审查制度体系中，除了对外资并购予以审查外，还应尽早争取到对我国进出口贸易开展安全审查的权力并实现相应的制度构建。在中美贸易摩擦日益升级的背景之下，美国通过其现有国家经济审查制度（同时拥有外资并购审查权及进出口审查权），阻碍我国企业在美投资及美国技术出口至我国，这直接威胁到我国科技企业资产安全以及相关产业发展。为此，我们应当借鉴美国及其他发达国家的经验与做法，尽快构建一套对进出口贸易开展合法合理安全审查的制度及相应机构。这样一方面能够及时有力地阻止某些危害我国安全的技术、产品流入我国，同时也可阻止我国某些敏感技术、产品流出国门，而另一方面，这样的制度与机构设置能够在我国企业受到外国制裁和不平等对待时起到一定的反制作用。

四、我国国家经济安全评估预警机制设计

在当前复杂多变的国际背景之下，一国经济很难处于"绝对"安全的状态之中，"相对"安全的状态则是常态化，当不安全因素积累到一定程度后，危害国家经济安全的重大冲突、危机可能发生，为此需要在国家层面建立经济安全评估预警机制以及时防范、化解潜在威胁与风险。然而，我国目前国家经济安全评估预警系统应用尚处于萌芽阶段，这同我国当前所处发展阶段以及经济安全现状不相匹配。因此，我国必须尽快建立健全国家经济安全评估预警系统，为我国经济的稳定发展和安全保障提供可靠的决策支持。

要建立健全国家经济安全评估预警机制，对国家层次的经济安全状态进行评估预警，就需要有成体系的制度安排支撑、全面灵敏的专业运用能力以及先进的数据技术应用，及时、精准地确定各种威胁经济安全因素的临界状态，并对其进行监测，迅速捕捉危机前兆，及时予以预警与预报，以便设计和制定相应的对策。"评估"主要针对当前的状态进行评价，即对某一系统当前运行状态进行实时性评价，及时发现系统运行的非正常之处并找出相应原因，以便及时为调控决策的制定、具体措施的实施提供依据。"预警"主要针对的是未来状态，即对某一系统未来的演化趋势进行预期性估算，提前发现系统未来运行可能出现的趋势及其影响，以便为提前进行某些干预、实施相应措施提供依据。因此，当前经济安全状态的监测评估与中长期的经济安全趋势的预警，是两个相对独立的程序，二者之间并无直接联系，经济的中长期变化趋势并不是简单地由经济的短期变动叠加而来。经济安全实时评估和经济安全中长期趋势预警有各自特点，尽管其流程存在一定相似性，均为先确立评价指标体系，然后对相应指标值进行评估或预测，最后进行相关评价，但基于关注时期长短不同、机制实施目的不同，二者评价指标体系、所使用的预测及评价方法也均有所不同。如图 8-1-

2所示，国家经济安全评估的实施程序可梳理为，依据预先设计好的评估指标体系，结合相应的数据计算出相应的指标数值，通过综合评价，对我国经济安全实时状态进行评估；而对于经济安全趋势预警而言，结合相应数据计算出所需预警指标数值，然后结合类比推理预测，因果模型预测，专家预测和模糊、灰色、神经元网络预测方法，产生预警结论。

而在经济安全评估预警指标体系的构建方面，经济安全评估预警指标的选择应该具有代表性、独立性等特征。由于某一个经济方面的衡量指标可能存在多个，在选择指标时，应尽可能选择最具代表性的关键性指标。并且，为避免指标的重复评价以及内在关联性，指标之间要具有相对独立性；同时，还需要注意体系内各指标选择及应用时的可比性与一致性问题；鉴于由同一个外界刺激所引致的不同指标的反应灵敏性不同，指标体系的构建与应用须注意它们之间的平衡，必要的时候还需要进行一致性数据处理等工作。另外，指标体系的构建还需具有动态性与开放性，尤其在当前复杂多变的时代背景之下，影响国家经济安全的因素、须重点关注的领域以及各指标在体系中的权重也会发生一定变化，随时捕捉这些变化并将其及时融合、更新到经济安全评估体系中就显得尤为重要。据此，在本研究经济安全分析的整体逻辑框架之下，结合我国经济实际发展情况，在广泛听取专家意见并借鉴同行研究的基础之上，我们拟定了以下经济安全评估与预警指标体系（表8-1-1、表8-1-2）。

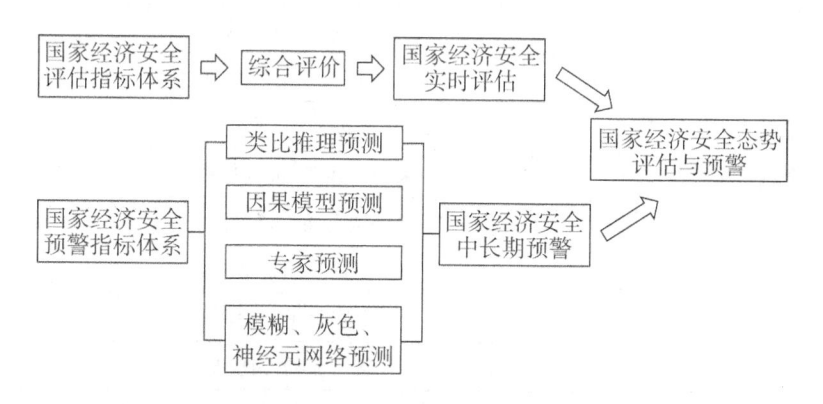

图8-1-2 我国国家经济安全评估预警实施建议

表 8-1-1　国家经济安全评估指标体系

一级指标	二级指标
宏观经济安全程度	通货膨胀率
	经济发展稳定性
	国有经济控制力
	宏观经济增长
	贸易差额/GDP
	宏观杠杆率
	人们对经济发展、社会稳定的预期
	重要原料、能源的对外依存度
财政安全状态	财政赤字率
	财政收入/GDP
	国债负担率
	国债偿债率
	地方财政支出比重
	地方财政自给率
	政府外债比例
	实际汇率及波动幅度
金融安全状态	国内信贷增长率
	外汇储备/GDP
	外债结构指标
	外汇储备可供月数
	短期资本流入额/GDP
	呆账、坏账/银行总资产
	外国直接投资/外债
	资本充足率
	资本市场波动率
	资产流动性比例
	资本利润率

续表

一级指标	二级指标
金融安全状态	金融机构 Z 值
	资产收益率
	外汇占款/基础货币发行
	房价收入比
	房价增长率
	房价增长率/GDP 增长率
	金融部门杠杆率
实体产业安全状态	非金融部门杠杆率
	进出口依存度
	出口集中度
	FDI 依存度
	内资企业市场占有率
	企业技术依存度
	企业专利占比
	研发强度
	产业结构占比
	主导产业国际竞争力
	主导产业外资占比
	外资对产业控制程度
粮食安全状态	粮食总产量
	粮食自给率
	单位面积产量
	粮食种植结构
	粮食种植每亩总成本
	粮食种植每亩成本利润率
	农业科技投入情况
	粮食种植农药化肥使用情况

续表

一级指标	二级指标
粮食安全状态	粮食种植受灾情况
	国有企业粮食销收情况
	主要粮食价格及其变动
	粮食进口集中度
	粮食进出口情况

表 8-1-2　国家经济安全预警指标体系

一级指标	二级指标	三级指标
经济整体安全状态	基本经济制度安全状况	所有制结构
		分配结构
	经济主权安全状况	经济政策自主制定率
		国际经济组织的话语权重（投票权重）
		重要资源自给系数
		重要资源外资勘探率
		重要资源外资开采率
		战略基础产业外资比重
		对外投资中的非国民待遇率
		被歧视性反倾销率
		被歧视性反补贴率
	国家综合实力状况	GDP 实际增长率
		政府效能
		企业国际竞争力
		环境可持续性指数
		技术保障能力（中国专利申请量全球占比）
		国防规模综合实力
国际领域安全状态	金融财政对外安全状态	政府外债率
		外汇储备/短期外债
		外汇储备可供月数

续表

一级指标	二级指标	三级指标
国际领域安全状态	金融财政对外安全状态	外债偿债率
		外债负债率
		短期外债/外债总额
		本国汇率波动幅度
	产业对外安全状态	美元汇率波动幅度
		贸易依存度
		重点产业外资依存度
		FDI 占 GDP 比重
		重点品牌外资控制率
		外资畅销品牌市场份额
		企业技术依存度
		出口贸易对三资企业的依存度
		贸易集中度
		外资依赖度
		外资集中度
	粮食对外安全状态	粮食进口集中度
		粮食出口集中度
		粮食进口规模
		粮食进口结构
		粮食出口规模
		粮食出口结构
国内领域安全状态	金融财政安全	物价指数
		财政赤字率
		财政收入/GDP
		国债负担率
		国债偿债率
		地方财政支出比重

续表

一级指标	二级指标	三级指标
国内领域安全状态	金融财政安全	地方财政自给率
		国内信贷增长率
		货币供应量
		金融机构不良贷款率
		金融机构资本充足率
		金融机构资产收益率
		资本市场波动率
		资产流动性比例
		房价收入比
		房价增长率
		房价增长率/GDP增长率
	产业国内安全	民族品牌市场占有率
		重点产业内资企业市场占有率
		非金融部门杠杆率
		企业专利占比
		研发强度
		产业结构占比
	粮食国内安全	粮食总产量
		粮食自给率
		单位面积产量
		粮食种植结构
		粮食种植每亩总成本
		粮食种植每亩成本利润率
		农业科技投入情况
		粮食种植农药化肥使用情况
		粮食种植受灾情况
		国有企业粮食销收情况
		主要粮食价格及其变动

参考文献

[1] 中共中央马克思恩格斯列宁斯大林著作编译局. 马克思恩格斯选集：第四卷 [M]. 北京：人民出版社，1972.

[2] 王正毅. 国际政治经济学通论 [M]. 北京：北京大学出版社，2010.

[3] 亚当·斯密. 国民财富的性质和原因的研究：下卷 [M]. 北京：商务印书馆，1974.

[4] 中共中央马克思恩格斯列宁斯大林著作编译局马列部，教育部社会科学研究与思想政治工作司. 马克思主义经典著作选读 [M]. 北京：人民出版社，1999.

[5] 中共中央马克思恩格斯列宁斯大林著作编译局. 马克思恩格斯选集：第一卷 [M]. 北京：人民出版社，1995.

[6] 中共中央马克思恩格斯列宁斯大林著作编译局. 马克思恩格斯全集：第四十六卷 [M]. 北京：人民出版社，1972.

[7] 中共中央马克思恩格斯列宁斯大林著作编译局. 列宁全集：第三十八卷 [M]. 北京：人民出版社，1986.

[8] 刘斌. 国家经济安全保障与风险应对 [M]. 北京：中国经济出版社，2010.

[9] 刘伟，苏剑. 中国经济安全展望报告2020：供求双萎缩下的经济形势与政策 [M]. 北京：中国经济出版社，2020.

[10] 毛泽东. 毛泽东选集：第四卷 [M]. 北京：人民出版社，1991.

[11] 邓小平. 邓小平文选：第三卷 [M]. 北京：人民出版社，1993.

[12] 胡锦涛. 用"三个代表"重要思想武装头脑指导实践推动工作 [J]. 求是，2004 (1)：3—13.

[13] 罗必良. 新制度经济学 [M]. 太原：山西经济出版社，2005.

[14] 贾晶. 从制度经济学角度解读世界经济危机与中国崛起 [J]. 商业经济，2010 (6)：3—4.

[15] 卢现祥，朱巧玲. 新制度经济学 [M]. 北京：北京大学出版社，2012.

[16] 梅德祥，何鸿，李肖萌. 洗钱对我国逃税规模的影响研究 [J]. 西南金融，2020（8）：33－42.

[17] 李孟刚. 产业安全评价 [M]. 北京：北京交通大学出版社，2015.

[18] 刘如，陈志. 大国竞争时代现代产业体系的三重螺旋战略框架研究 [J]. 中国科技论坛，2020（8）：33－42.

[19] 何维达. 全球化背景下的国家经济安全与发展 [M]. 北京：机械工业出版社，2012.

[20] 雷家骕. 国家经济安全：理论与分析方法 [M]. 北京：清华大学出版社，2011.

[21] 广东省经济安全研究院，广东国际经济协会课题组. 关于建立我国国家经济安全保障机制的研究 [M]. 广州：中山大学出版社，2016.

[22] 徐向真. 基于国家经济安全的政府审计制度建设研究 [M]. 北京：中国财政经济出版社，2019.

[23] 王溶花. 大国经济安全视角的粮食进口规模与结构：以中国为例的研究 [M]. 上海：格致出版社，2016.

[24] 曹建华，邵帅. 国民经济安全研究：能源安全评价研究 [M]. 上海：上海财经大学出版社，2011.

[25] 马文军，卜伟，易倩. 产业安全研究：理论、方法与实证 [M]. 北京：中国社会科学出版社，2018.

[26] 黄河，张芳，黄昊，等. 治理、发展与安全：新时代背景下中国与全球经济治理 [M]. 上海：上海交通大学出版社，2019.

[27] 金融安全协同创新中心，西南财经大学中国金融研究中心. 中国金融安全报告（2018）[M]. 北京：中国金融出版社，2018.

[28] 何秉孟. 金融改革与经济安全 [M]. 北京：中国社会科学出版社，2007.

[29] 彭文平. 经济安全与东盟区域经济合作：以东盟自由贸易区为个案 [M]. 北京：世界知识出版社，2014.

[30] 夏先良. 社会主义开放经济体制的构建与中国国家经济安全 [J]. 安徽师范大学学报（人文社会科学版），2020，48（2）：10－18.

[31] 顾海兵，张一弓. 后 30 年：中国国家经济安全战略的总体研究[J]. 经济学动态，2010（1）：10—14.

[32] 顾海兵. 经济系统分析[M]. 北京：北京出版社，1998.

[33] 顾海兵. 试论中国十大经济关系[J]. 学术研究，2019（1）：87—95.

[34] 张士铨. 从全球化的角度深入研究国家经济安全问题[J]. 当代世界与社会主义（双月刊），2001（6）：30—31.

[35] 顾海兵，詹莎莎，孙挺. 国家经济安全的战略性审视[J]. 南京社会科学，2014（5）：20—26.

[36] 贾凡. 农业供给侧结构性改革背景下粮食生产安全问题研究[D]. 长春：吉林大学，2018.

[37] 尹风雨，龚波. 中国粮食自给率现状及其测算方法改进研究[J]. 湖南科技大学学报（社会科学版），2017，20（2）：122—127.

[38] 袁航. 创新驱动对中国产业结构转型升级的影响研究[D]. 北京：北京邮电大学，2015.

[39] 胡国强. 中国财政安全与预警研究[D]. 北京：中央民族大学，2005.

[40] 王逸舟. 全球化过程与中国的机遇[J]. 当代世界与社会主义，1998（3）：16—19.

[41] 王巍，张金杰. 国家风险：中国企业的国际化黑洞[M]. 南京：江苏人民出版社，2007.

[42] 温俊萍. 发展中国家经济安全问题的制度分析[J]. 经济问题，2007（8）：11—15.

[43] 仓明. 制度配置与国家经济安全[J]. 扬州大学学报（人文社会科学版），2003，7（5）：73—78.

[44] CARDOSO. Dependence and Development in Latin America[J]. New Left Review，1972（74）：83—95.

[45] 裘敬梅. 俄罗斯立法保障国家经济安全[J]. 中国人大，2009（19）：52—53.